RAÍZES

Dinâmica do folclore

Dinâmica do folclore

Edison Carneiro

Apresentação e notas
Raul Lody

wmf **martinsfontes**
SÃO PAULO 2008

Copyright © 2008, Livraria Martins Fontes Editora Ltda.,
São Paulo, para a presente edição.

1ª edição 1950
Editora do Autor
2ª edição 1965
Civilização Brasileira
3ª edição 2008
Revista e supervisionada
por Philon Carneiro

Acompanhamento editorial
Helena Guimarães Bittencourt
Revisões gráficas
Maria Fernanda Alvares
Ana Maria de O. M. Barbosa
Dinarte Zorzanelli da Silva
Produção gráfica
Geraldo Alves
Paginação
Moacir Katsumi Matsusaki

Dados Internacionais de Catalogação na Publicação (CIP)
(Câmara Brasileira do Livro, SP, Brasil)

Carneiro, Edison, 1912-1972.
Dinâmica do folclore / Edison Carneiro ; apresentação e notas Raul Lody. – 3ª ed. – São Paulo : WMF Martins Fontes, 2008. – (Raízes)

ISBN 978-85-60156-47-4

1. Folclore – Brasil 2. Danças folclóricas – Brasil I. Lody, Raul. II. Título. III. Série.

07-5187 CDD-398.0981

Índices para catálogo sistemático:
1. Brasil : Folclore 398.0981

Todos os direitos desta edição reservados à
Livraria Martins Fontes Editora Ltda.
Rua Conselheiro Ramalho, 330 01325-000 São Paulo SP Brasil
Tel. (11) 3241.3677 Fax (11) 3101.1042
e-mail: info@martinsfontes.com.br http://www.wmfmartinsfontes.com.br

ÍNDICE

APRESENTAÇÃO IX

DINÂMICA DO FOLCLORE

FOLCLORE 3

PRIMEIRA PARTE | Dinâmica do folclore

O conceito de tradicional 7
O popular no folclore 16
Uma reivindicação social 23
Bumba-meu-boi 26
Congadas 40
Capoeira de Angola 51
Conclusões 59

SEGUNDA PARTE | Folclore e ciências sociais

Antropologia e folclore 63
A sociologia e as "ambições" do folclore 70
Comunidade, *folk culture* e folclore 82
Maioridade do folclore 87
O folclore do cotidiano 88

Folclore, fenômeno cultural 91

Terceira parte | Folguedos populares

Proteção e restauração dos folguedos populares 97
O folguedo popular 111
Proteção para a música folclórica 113

Quarta parte | Perspectivas de ensino

Folclore em nível superior 119
Formação de novos quadros em folclore 122

Quinta parte | Pesquisa de folclore

Folclore 129
Disciplina pessoal 133
A ficha de informação 134
A observação pela entrevista 135
O registro mecânico 140
Elementos essenciais da pesquisa 142
Exame dos resultados 146
A observação pelo questionário 148
O relato final 149
Coleta de peças folclóricas 151

Sexta parte | Passado, presente e futuro

Evolução dos estudos de folclore no Brasil 155
Ainda há muito por fazer 176

Fontes dos artigos reproduzidos 183
Notas 185

APRESENTAÇÃO

FOLCLORE, INVENÇÕES E REINVENÇÕES:
EM TORNO DA DINÂMICA

Certamente Edison Carneiro recupera de larga experiência pessoal vivida no Recôncavo da Bahia, em especial na cidade do São Salvador, referências e testemunhos de um processo dinâmico e transformador das inúmeras formas expressivas populares e tradicionais chamadas então de "folclore".

Assim, em olhar inicial na obra de Edison Carneiro, pode-se, em contextos históricos e sociais particulares, chegar ao "folclore", campo tão lido, visto e revisto ao sabor das tendências acadêmicas das ciências sociais e antropológicas, diga-se com ênfase, a partir da Segunda Guerra Mundial.

Edison Carneiro determina nos seus textos um lugar para o folclore enquanto um repertório de voz e tendência política, querendo sempre encontrar em cada manifestação uma forma de reivindicação, de busca pelos direitos: educação, saúde, trabalho e principalmente no alcance do poder pelas classes populares.

Voltar-se, hoje, a um certo devotamento à causa popular/tradicional, em novos cenários nacionais e internacionais com a crescente valorização pela patrimonialização, de repertórios que atestem e se façam reconhecidos enquanto "matrizes" e "expressões populares", referências do povo brasileiro, é uma recuperação simbólica do "folclore".

Isso dá à obra de Edison Carneiro um sentido muito atual e que expõe temas ainda carentes de maiores reflexões, como, por exemplo, o "direito cultural".

Contudo, alerta Edison Carneiro para o papel do "Estado" enquanto um componente das relações povo e cultura, preservando um "ícone" marcante na obra do autor que é a liberdade.

O "folclore", portanto, é um elenco de fenômenos sociais e culturais livres da interferência do "Estado", sendo um lugar de exposição das mais legítimas falas políticas do povo.

Dinâmica do folclore quer, justamente, tocar, tratar e desenvolver temas plurais que têm eixo comum com a "identidade" ou as "identidades" enquanto atestações de pertencimento e principalmente de direitos.

Sobre esse tema, voltado, em especial, aos direitos culturais, há um avanço por parte do Estado com a criação de sistemas oficiais para "cuidar" do "folclore": Campanha de Defesa do Folclore Brasileiro (1959), além de ONGs, diferentes associações populares que vêm surgindo no decorrer dessas décadas, tendo como foco organizar para melhor dialogar com as muitas interlocuções oficiais e com a sociedade civil como um todo.

Parte-se de confrontos de territórios que dominam e oferecem conteúdos para justamente ter nas "identidades" os lugares da autoria, das "autorias coletivas", onde Edison Carneiro busca na vocação etnográfica um caminho de análise da festa, do teatro, da música, da dança, da tradição oral marcados pelo ideal socialista, sendo certamente fiel a essa máxima: do povo o que é do povo.

Dinâmica do folclore é também tradução de que dinâmica é processo autoral, retrato nas reivindicações populares, e Edison Carneiro observa que o tradicional, imutável, é um desejo do poder, e que, por exemplo, o samba, a capoeira, entre outras expressões tradicionais e populares, são reveladoras dos novos e atualizados desejos, e que certamente aí está um dos principais temas do livro.

Mudança, direito a mudar ou transformar é ofício da liberdade. Embora Edison Carneiro estivesse participando da oficialidade do Estado, com a então Campanha de Defesa do Folclore Brasileiro vinculado ao Ministério da Educação e Cultura, busca sempre uma distância crítica, reafirmando que seu compromisso é com a "causa popular".

O autor compõe um olhar sobre o "folclore" no domínio ideológico das classes operárias, classes subalternas do capitalismo, sem dúvida também uma crítica àqueles que vêem no "folclore" um "exercício estético" para apreciações decorativas da fusão *naïf* das "três raças" formadoras do povo brasileiro. Para isso ver Roberto Damatta sobre o "mito das três raças".

Edison Carneiro enfatiza no livro a "sede de justiça do povo" dando ao "folclore" uma opção direta de chegar às conquistas sociais.

Para as conquistas das mudanças valoriza-se a "dinâmica" enquanto um lugar destacado pelo autor por, justamente, atualizar um campo de direitos e de representações sociais.

O livro também forma uma crítica às leituras "arqueológicas" do folclore, na compreensão de antiguidades populares, enquanto formas apenas recorrentes de "costumes" que identificam ou particularizam pessoas, comunidades, regiões e que não levem as necessárias transformações na conquista plena dos "direitos". O autor enfatiza no texto a "sede de justiça do povo" dando ao "folclore" um lugar especial para buscar maior integração e participação dos diferentes segmentos populares na sociedade complexa.

Dinâmica do folclore relativiza o conceito de tradição que vai muito além do que é esperado ou então permitido ao povo pelo poder.

Edison Carneiro alerta para uma "cultura domesticada" por parte do Estado, pelas classes dominantes e por outros interesses econômicos, políticos, estabelecendo assim mais uma crítica ao lugar social do "folclore" e apontando para suas possíveis intermediações com as demais formas expressivas da cultura nacional, com a indústria cultural nos contextos da globalização.

O compromisso de Edison Carneiro com o "folclore" nasce do amplo conhecimento sobre os processos sociais que enquadraram o folclore nos territórios das "sabedorias tradicionais", sendo base para transformações sempre desejáveis.

Desde o século XVI a temática popular vem sendo um campo de notório interesse, como se vê no *Traité de superstitions* de Jean-Baptiste Thiers (1679); no *Antiquitates vulgares or the antiquities of common people* de Henry Broume (1725), entre outros que vão construindo nos contextos pré-capitalistas a clássica visão do outro, marcando diferenças no "exótico", na "superstição" e certamente no fortalecimento da xenofobia.

Se há pioneirismos nesse campo de interpretação da cultura, está em Sílvio Romero, Mário de Andrade, Luís da Câmara Cascudo, entre muitos outros brasileiros devotados ao Brasil.

Embora no século XXI, ainda vigoram leituras e sentimentos de "antiquários" perante o folclore, verdadeira vocação estetizante perante o "belo popular" ou como o povo faz coisas bonitas. O livro de Edison Carneiro mostra esses olhares preconceituosos, em que componentes raciais, sociais, de gêneros culturais estão marcando a distância real entre eu e o outro. O "folclore" não ocupa o lugar "autorizado" pelo poder para manifestar festa, artesanato, comida, religiosidade. Para o autor é um lugar de ruptura, de liberdade e principalmente de "dinâmica" para atender os diferentes desejos, criação, transformação de maneira autoral, tocando na mudança dos modelos ou dos princípios que identificam o fato folclórico conforme o que há de funcional, atendendo necessariamente o que tanto Edison Carneiro enfatiza: o direito pleno à liberdade.

Assim, toda e qualquer dinâmica é autorizada, certamente, pelos diferentes "autores populares" que irão mudar, manter, transgredir de acordo com as características peculiares de cada fato, grupo, festa, tecnologia, entre outras.

A "dinâmica" é sentido de vida e de atualização das identidades. "Dinâmica" é também processo que interage, se comunica com o mundo *web*, estabelecendo trocas, intercâmbios, e tendo também nessa mídia um processo de preservação.

Embora Edison Carneiro não toque no tema "globalização", por questões históricas da criação da obra, o autor não vê e não propõe nenhum sentimento nostálgico quando estuda a tradição, a memória, buscando, sim, os "direitos sociais" que compõem na sua concepção como o principal sentido do que é "folclore".

Sabidamente a construção do conceito "folclore" dá-se em contexto social e econômico em plena Revolução Industrial. Assim, William John Thoms da Camden Society cria um setor na revista *Athenaeum* para folclore; na seqüência a revista *Notes and Queries* propõe o Folklore Society.

Edison Carneiro situa o folclore nesse contexto em que a sociedade artesanal entra em confronto com a sociedade de múltiplos, com o que é industrial; contudo o eixo tradição propõe sentimentos arcaicos, trazendo para a contemporaneidade diferentes faixas de memórias que recriam temas, que dialogam com as "mídias", trazendo na amplitude da comunicação apropriações, reinvenções, traduções que compõem o que se chama de moderno, de pós-moderno.

Ao mesmo tempo, as memórias, as tradições populares precisam ser preservadas, salvaguardadas, e para isso é necessário "registrar", "documentar", "criar coleções", compreendendo-se sempre que há dinâmicas que implicam mudanças, sempre novas maneiras de expressar temas antigos, detentores das memórias fundantes, míticas.

Hoje se busca de maneira intensa patrimonializar manifestações populares, folclóricas; contudo, no processo histórico do caso brasileiro, a "palavra folclore" ganhou um significado de "piada", certamente pela intensa relação histórica entre o que é do povo e o que é do domínio do poder. Sem dúvida, compõem esses campos o sentido político da obra de Edison Carneiro, e assim ele amplia e discute a dimensão social da dinâmica do folclore.

Dinâmica do folclore

FOLCLORE

O autor sugere a leitura do verbete FOLCLORE que escreveu para a enciclopédia *Barsa* (vol. 6, pp. 267-72) em que – a despeito de certas modificações às vezes insólitas que se fizeram na sua redação – será possível encontrar algo como uma dissertação em torno do conceito e do objeto do folclore.

* * *

Entende-se por *folclore* um corpo orgânico de modos de sentir, pensar e agir peculiares às camadas populares das sociedades civilizadas. Alguns folcloristas estendem o campo do folclore a todas as sociedades, até mesmo as primitivas. Entretanto, a existência de graus diferentes da mesma cultura é necessária para caracterizar o fenômeno. Embora peculiares, esses modos de sentir, pensar e agir não são exclusivos do povo. Se as camadas populares os integram, em conjunto, à sua vida cotidiana, toda a sociedade se serve deles, fragmentariamente, sob esta ou aquela forma.

A experiência humana, que se disciplina em cultura, constitui um *continuum* de que participam tanto o conhecimento empírico do povo como o conhecimento científico dos letrados. A sua existência na mesma sociedade faz com que ambos os tipos de conhecimento se vivifiquem mutuamente. O fato de terem uma origem comum – a cultura universal sintetizada na civilização greco-romana

– propicia a circulação dessa corrente vivificadora. Há, assim, um intenso intercâmbio cultural entre os vários *strata* sociais – resultado direto da comunicação pessoal, das relações de produção, da comunidade de língua, de sentimento religioso e nacional, da educação e da cidadania. Em conseqüência, e sob a pressão da vida social, o povo atualiza, reinterpreta e readapta constantemente os seus modos de sentir, pensar e agir em relação aos fatos da sociedade e aos dados culturais do tempo. O folclore é, portanto, dinâmico. Não obstante partilhar, em boa percentagem, da tradição e caracterizar-se pela resistência à moda, o folclore é sempre, ao mesmo tempo que uma acomodação, um comentário e uma reivindicação.

Toda a sociedade participa da criação e da manutenção do folclore – e isso não apenas através da sua aceitação ou repressão. O fenômeno folclórico, que em si resume, com extraordinária limpidez, as esperanças e as expectativas gerais, baseia-se tanto na tradição como na inovação. Em geral, a forma (o auto, a ronda, a quadra...) permanece, enquanto o conteúdo se modifica e se atualiza. Assim o folclore planta as suas raízes no passado imemorial da humanidade e se projeta como a voz do presente e do futuro.

Fiel ao passado, mas alerta às solicitações da hora, o folclore é a forja, o cadinho que preserva e sedimenta os *mores* distintivos de cada povo.

PRIMEIRA PARTE
Dinâmica do folclore

The idea that folklore is dying out is itself a kind of folklore.

RICHARD DORSON

O inadequado dos conceitos do tradicional e do popular no folclore leva freqüentemente o pesquisador a situações muito embaraçosas. Como considerar tradicional a diversão coletiva que transmite a opinião popular sobre fatos do dia, numa constante readaptação às novas formas assumidas pela sociedade? Ou, ainda, como considerar tradicional o dado folclórico que, nascido de certas condições sociais, permanece, ao mesmo tempo que permanecem, inalteradas, essas condições? A riqueza de imaginação, a força criadora e a sede de justiça do povo não pesam no balanço geral para os tratadistas. O povo é apenas um depositário de tradições... Mais curiosa, e às vezes mesmo ridícula, é a caracterização do popular no folclore. Figura-se o povo, não numa situação transitória, mas em repouso. Ora, se encararmos o folclore na sua dinâmica, veremos que os fenômenos do populário têm não apenas a marca do passado, mas o sinal do presente – e do futuro.

Este ponto de vista pode ser provado com exemplos tomados a folguedos populares brasileiros.

O CONCEITO DE TRADICIONAL

1

A despeito dos progressos científicos de todo um século, continua a ser muito cara aos exegetas dos fatos folclóricos uma espécie de limitação do folclore ao antigo, ao arcaico, ao tradicional.

Ainda não ultrapassamos, na prática, o *traditional learning* de William John Thoms. Podemos dizer que, em geral, ainda concebemos o folclore como o estudo das "antiguidades populares", como o fazia a escola francesa, ou das sobrevivências, na sociedade moderna, de "crenças, costumes e tradições arcaicos", como queria Sir Laurence Gomme; que ainda o consideramos a "ciência da tradição", repetindo Hartland, Sébillot e tantos outros; que estamos dispostos a aceitar como "resíduos" de costumes antigos, como dizia Vilfredo Pareto, ou como "testemunhos e exemplos de um antigo estado moral e intelectual", como as definiu Tylor, as formas de expressão características das camadas populares.

Contra essa passividade do tradicional tomaram posição, entre outros, Augusto Raul Cortazar, Iuri Sokolov e os folcloristas soviéticos em geral e Ruth Benedict. Saintyves mesmo chegou a aproximar-se de uma concepção dinâmica do folclore, mas não soube tirar das suas observações as lições que podia.

Ainda assim, e apesar dessas vozes discordantes, o folclore, para os tratadistas, constitui apenas um fenômeno secundário, uma reminiscência destinada a desaparecer... No máximo, atribuem-lhe a função de "revigorante da cultura" (Haddon) ou de pista para o estudo de usos e costumes do passado. Parece muito cômoda, muito conveniente, essa concepção parada, estática, imóvel, do folclore.

Resta saber se concorda com a realidade.

2

Contentam-se os tratadistas com a verificação de que somente o *vulgus* ainda tem fé nas tradições e nos costumes antigos, esquecendo, talvez deliberadamente, uma indagação fundamental – a de por que sobrevivem essas formas que consideram arcaicas.

Se esta indagação não lhes ocorre, podemos atribuir este fato a duas causas principais – o desconhecimento da maneira por que funciona a sociedade em que vivemos e, em consequência, o desconhecimento da dialética social. São causas conexas, portanto. Os tratadistas, com efeito, argumentam considerando a sociedade moderna tal como está, levando em conta, certamente, o seu nascimento e o seu desenvolvimento, que já fazem parte da história, mas admitem, por omissão, que essa sociedade permaneça para sempre, sem jamais ceder lugar a outras formas de organização da vida humana. Daí que, por vários motivos, alguns de ordem política, prefiram conceber a sociedade humana, e muito especialmente a sociedade burguesa, em repouso e em equilíbrio. Nesta perspectiva o folclore tem de ser, naturalmente, passivo – uma simples recordação de tempos e costumes já superados.

Se, porém, ao mesmo tempo que fazemos a pesquisa folclórica, aprofundamos a análise da sociedade, de que o folclore é uma das expressões mais significativas, notaremos a permanência de condições gerais, econômicas, sociais e políticas, que favorecem a sobrevivência das concepções, usos e costumes de que se nutre o folclore. Com efeito, as formas folclóricas correspondem a determinadas formas sociais e se modificam ou desaparecem de acordo com essa correspondência. O folclore faz parte da superestrutura ideológica da sociedade, embora seja a camada mais inferior dessa superestrutura.

Ninguém se animou ainda a negar o valor *funcional* do folclore. Ora, as funções sociais que preenchem o folclore são a negação mais cabal da passividade com que o caracterizam os tratadistas.

3

Tomamos como ponto de referência a cultura burguesa quando consideramos antigo, arcaico ou tradicional o dado folclórico.

Embora saibamos que a ciência do folclore, nascida nos anos de esplendor da sociedade burguesa, não tinha outra alternativa, devido, como salientou Arthur Ramos, ao acentuado etnocentrismo do europeu, sabemos também que, empenhada na discussão dos aspectos particulares da cultura que caíam sob o seu domínio, esta nova ciência descurou a observação e o estudo da cultura geral. De maneira que a cultura burguesa, como ponto de referência, passou a ser não a cultura burguesa num determinado momento da sua evolução, mas uma cultura burguesa *ideal*, que historicamente não existe em parte alguma. O dado folclórico se explica em função da cultura burguesa, mas exatamente em que estágio do seu desenvolvimento? Os tratadistas, incapazes de ver a sociedade em movimento, perderam de vista a circunstância de que essa cultura burguesa pode dominar apenas em alguns pontos do território nacional ou ser apenas uma cultura de fachada ou de cúpula, que nem mesmo atinge uma percentagem ponderável da camada social que se encontra no poder e, portanto, na posse dos meios com que se educar.

Se, por exemplo, as manifestações coletivas do folclore se verificam no litoral paraense, no interior da Paraíba, no Recôncavo Baiano, zonas de notório atraso econômico, de pobreza crônica do povo, de condições pré-capitalistas de existência, como considerá-las tradicionais, se correspondem, exatamente, às condições do ambiente? Parece muito significativo que o bumba-meu-boi se registre em localidades não pecuárias, que dependem de outros centros para o seu abastecimento de carne, o que transforma o boi num bem inestimável, ou que as congadas tenham lugar em regiões cobertas por latifúndios, de lavoura e criação rudimentares, em que o trabalhador está à mercê do senhor de terras, como o escravo de outrora. Haverá muito poucos, entre participantes e circunstantes, que se valham ou se beneficiem da cultura burguesa. Este é o caso, por exemplo, do mutirão. Com que direito poderemos considerar tradicionais, em relação à cultura burguesa, fenômeno desconhecido na sua área, essas formas populares de expressão?

Tomemos outros exemplos. Ortodoxamente, as chegianças sobreviveriam às condições gerais que lhes deram causa. Ora, estas diversões são hoje quase exclusivamente diversões de pescadores, em pequenas aldeias do litoral em que os tipos de barco e a segurança contra as incertezas do mar são os mais primitivos, os mais aproximados do século XVI. Teoricamente, também, o bumba-meu-boi e as congadas estariam ultrapassados. Poderemos, em sã consciência, dizer que se tenham alterado substancialmente as condições quase feudais em que sempre se desenvolveram a agricultura e a pecuária brasileiras, fonte do bumba-meu-boi, ou o caráter oligárquico do Estado nacional, responsável, em grande parte, pelas congadas?

Tylor dizia que a "civilização" – referia-se, evidentemente, à cultura burguesa, já que o conceito de civilização é um conceito burguês – "é uma planta muito mais propagada do que desenvolvida". Com efeito, até que ponto, ou a partir de que ponto, podemos considerar "civilizada" uma determinada sociedade? Até onde a parte da sociedade que dispõe dos meios de se educar conhece e utiliza, habitualmente, os benefícios da cultura burguesa? Até que ponto as formas que consideramos tradicionais fazem parte da bagagem intelectual das camadas dominantes, que, do ponto de vista formal, deveriam ser as vanguardeiras da "civilização"? Há alguns anos, Ruth Benedict escreveu que o folclore, mais do que qualquer outro traço cultural, revela o precário e o recente (*recency*) das atitudes racionalistas dos modernos grupos urbanos – os filhos bem-amados da cultura burguesa.

Temos de concordar com Artur Ramos em que o folclore "não deve ser separado do conjunto da cultura de que é um dos elementos" – da cultura particular, nacional ou regional, e não da cultura burguesa *ideal*.

4

Há, realmente, correspondência entre as formas de expressão populares, não eruditas, e as formas cultas – reflexo das diferenças de nível econômico, social e político entre as classes na sociedade.

Em todos os Estados baseados na divisão da sociedade em classes, a educação e a cultura são privilégio, e às vezes monopólio, das classes dominantes. As ciências, as letras e as artes são um luxo que só a riqueza pode dar. Entre nós, por exemplo, o recenseamento de 1940 encontrou 51,64% de analfabetos na população brasileira de mais de cinco anos, inclusive 26,31% entre os adultos. Sem recursos para se instruir, nem lazer para se educar, nada mais natural que o povo se valha de formas rudimentares de expressão, que, embora atrasadas em relação à cultura oficialmente dominante, são as formas que presentemente se encontram ao seu alcance.

Lembremos Saintyves, que escreveu que o folclore "não teria mais lugar" num povo, se todos os indivíduos dispusessem de uma educação superior, que os libertasse de todos os preconceitos e superstições, acrescentando, porém, que "tais povos não existem ainda".

As formas que o folclore reveste são em geral formas já abandonadas pelas classes superiores – a quadra e a sextilha, o auto, a ronda. Esse fato, origem de muitas confusões quanto ao caráter tradicional do folclore, decorre de duas causas principais – a lentidão com que se modifica a forma de expressão em relação àquilo que exprime e a circunstância de que os ideais da classe dominante foram, algum dia, os ideais de todo o povo, embora permaneçam apenas no seio dos setores politicamente mais atrasados.

5

O objeto do folclore nada tem de morto, parado ou imutável.

Os tratadistas já o haviam reconhecido, mas de maneira formal, admitindo somente como folclore as formas *atuais* de expressão popular – seja "o fato vivo, direto", de Van Gennep, seja o "bem popular" de Ismael Moya. Quanto ao funcionamento interno do folclore, as teorias dos *empréstimos* de Benfey e das *transferências* de Varagnac, processos aquisitivo e desintegrativo, não saíam da mecânica – eram os mesmos movimentos centrípeto e centrífugo da matéria... A teoria mais recente, que concebe o folclore como "um fenômeno social", portanto sujeito aos processos comuns a esses fenômenos, se deve a Boas e especialmente a Ruth Benedict. De acordo com esta nova concepção, o fato folclórico se individualiza no processo da sua incorporação à cultura local, processo que envolve a aceitação do pormenor cultural próprio à região, e, por outro lado, se desintegra e se recompõe ou se recombina, à medida que passa de uma a outra área, de um a outro povo. Os dois etnólogos, entretanto, não vão mais longe – nem saem da mecânica.

Com efeito, uma vez aceito pela cultura local o dado folclórico, que por sua vez teve de aceitar o pormenor cultural para ser aceito, o que acontece? O processo não pára. As relações entre as formas populares, folclóricas, e as formas eruditas variarão de acordo com as flutuações específicas, quantitativas e qualitativas, dos grupos na sociedade.

Outros fatores entram no quadro geral, mas sujeitos ao mesmo processo dinâmico. Sabemos que o campo conserva melhor as formas de expressão e as diversões populares, expulsas paulatinamente da cidade pelo progresso econômico, social e político. Sabemos que as mulheres, e mais ainda as crianças, são as grandes disseminadoras do folclore. Sabemos que o ambiente geográfico local influi sobre o dado folclórico, seja limitando-o, seja acrescentando-lhe novos aspectos, seja modificando a sua fisionomia. Sabemos que a interferência do elemento semi-erudito – semi-alfabetizado ficaria melhor, no caso do Brasil – prejudica a espontaneidade da manifestação folclórica, tal como podemos ver nos bailes pastoris.

As influências mais diversas atuam, realmente, sobre o fato folclórico, submetendo-o a uma série de processos em que a cada ação corresponde determinada reação. Estas influências, em sociedades embrionárias como a nossa, em que a estratificação das classes está consideravelmente atrasada, provêm das fontes mais diversas – além das fontes normais, as forças elementares da sociedade. Os reis do Congo, em moda sob a escravidão, que ainda hoje se podem encontrar em alguns pontos do território nacional, e as igrejas do Rosário dos Pretos, muitas delas ainda existentes – e desses pontos de partida vêm as congadas e as taieiras – indicam a intromissão de elementos não populares, bem distanciados do *vulgus*, para desviar e corromper as diversões coletivas do povo. O caso mais flagrante dessa interferência não popular parece ser o dos quilombos de Alagoas, que constituem uma advertência prévia contra os desejos de fuga dos escravos. Por esse caminho se vai até a repressão oficial – seja para suprimir ou enquadrar em certos limites a diversão popular, seja para eliminar os indivíduos empenhados na sua execução, na vã esperança de riscá-la da sociedade. Foi o que se deu, com certo êxito, com a capoeira de Angola.

Saintyves reconheceu a importância dessas influências, quando advertiu: "A vida popular, [...] embora seja uma vida particular, é difusa em toda a vida civilizada. Não se deve considerá-la como uma atividade em compartimento estanque. Certamente, desenvolve-se no quadro constringente da vida oficial, mas reage, por sua vez, sobre esta [...]. O estudo das sociedades civilizadas requer [...] o estudo aprofundado do folclore, das maneiras por que o povo reage às sugestões que lhe são feitas, dos meios empregados para fazer com que as aceite, para criar nele novas maneiras de agir, de se divertir e de trabalhar, novos modos de crer e de pensar." Falta, aqui, a outra face da medalha – as maneiras por que as camadas populares levam as classes dirigentes a tolerar e mesmo a aceitar e incorporar ao seu cabedal as formas de expressão que lhes são próprias.

Temos, assim, que o folclore, como traço cultural, participa de um processo geral que envolve, permanentemente, mecanismos internos, aquisitivos, desintegrativos e de recomposição e recombinação, e movimentos externos, que tomam forma agressiva ou acomodatícia, que por sua vez ocasionam novos processos internos. Ora, como toda modificação na parte se traduz em modificação no todo, o folclore, modificando-se sob a ação geral das várias forças, espontâneas e dirigidas, da sociedade, por sua vez provoca modificações no todo, que é a sociedade. Essas modificações, resultantes do primeiro choque, produzem novas modificações no folclore, e assim por diante.

O folclore é, portanto, dinâmico na sua essência – está em constante transformação, dialeticamente *é* e *não é* o mesmo fenômeno ao mesmo tempo, como em geral acontece com todos os fenômenos sociais.

6

Em constante transformação – eis como devemos encarar o fato folclórico. Evidentemente, essa situação dinâmica supõe ação e reação, tanto no sentido vertical, entre a cúpula e a base, como no sentido horizontal, entre os elementos genuinamente interessados no folclore – um tipo de relação *prática* fundamental.

Essas ações e reações são recíprocas e simultâneas e sempre dão em resultado um terceiro produto, uma síntese, que, dependendo do vigor dos choques contrários, pode ser completamente diferente dos elementos que a formaram. O dado folclórico, pela sua simples existência, pode criar na sociedade oficial a tolerância ou a aversão, que, por sua vez, podem criar nas camadas populares a acomodação ao ponto de vista oficial ou a obstinação, o subterfúgio ou a suavização da diversão popular. Esse jogo de influências modifica o folclore e a sociedade, num sentido que só a prática dirá se é melhor ou pior, se é superior ou inferior, se é progressista ou retrógrado, mas, num e noutro caso, em conseqüência de cada ação e de cada reação, o dado folclórico e a sociedade *são* e *não são* os mesmos ao mesmo tempo, pois novas ações e reações são provocadas pelas primeiras e, por sua vez, dão nascimento a outras... O processo dialético se desenvolve ao infinito. Através dele estão desaparecendo as congadas e se reafirma a capoeira de Angola ou surgem novos produtos, novas sínteses – os reis do Congo dão os maracatus e os afoxés, a capoeira dá o *passo*... Esse processo explica o sem-número de incidentes que mascaram o argumento fundamental do bumba-meu-boi e a supressão da parte do auto em que se retalha e divide o boi entre várias pessoas numa cidade como o

Recife, onde os conflitos sociais têm assumido caráter bem agudo, mas explica também a representação nua e crua da morte e da ressurreição do boi, e a sua repartição, em outros pontos do território nacional.

A vida social cria o folclore, como cria as formas eruditas de expressão, à base da vida material, das relações de produção que se formam entre os homens – no nosso caso, na sociedade burguesa. O folclore e as formas eruditas exprimem, o primeiro empiricamente, as segundas cientificamente, essas relações de produção – e os antagonismos sociais que engendram. E esses antagonismos, seja qual for a forma que revistam, são um fenômeno do presente, como o foram do passado e serão do futuro, mas um fenômeno sempre *novo*, e não remotamente tradicional.

O POPULAR NO FOLCLORE

1

O conceito do popular no folclore varia muito, entre os tratadistas, e vai desde o *vulgus* até a totalidade dos habitantes do país, sem distinção.

Quem faz, afinal, o folclore?

Se admitimos que o folclore se deve àquela "parte menos culta, que ficou para trás no caminho da civilização", a que se referia Haddon, teremos uma caracterização muito vaga, sem limites definidos, pois novamente surge a questão de como aferir a distância a que se encontram as diversas camadas sociais em relação a esta "civilização" ideal. Se aceitamos a suposição de que o *vulgus* faz o folclore, ou é por ele responsável, não conseguiremos fugir à concepção mecânica do tradicional, que, como já vimos, não corresponde à realidade. Se, afinal, consideramos a totalidade da população como criadora do folclore, não estaremos caindo numa contradição, tanto mais séria quanto acrescentamos ao folclore esse característico *popular* que não tem sentido se não fazemos uma distinção clara entre, pelo menos, o popular e o erudito?

Quer estudemos o folclore como um fenômeno peculiar às sociedades "civilizadas" do tipo ocidental, como o admite em geral a ciência do folclore, quer o procuremos em lendas, mitos e contos populares de todo e qualquer povo, como desejava Boas, não poderemos escapar à necessidade de investigação do seu caráter popular. Evidentemente, não basta afirmar que o folclore se deve atribuir a tal ou qual grupo na sociedade, nem parece justo supor que "todo o povo, sem determinação de esferas", faz o folclore, simplesmente porque o herda e dele desfruta (Ismael Moya). Os tratadistas têm passado de largo nesta questão – na verdade tão de largo que bem se pode falar em interesse político em não aprofundar a análise da sociedade burguesa.

Por exemplo, valendo-se de elaboradas considerações filológicas, Imbelloni divide artificialmente a sociedade em *populus* e *vulgus*, que seriam "duas entidades que convivem no seu seio [...] como camadas de certo modo superpostas e impermeáveis". De passagem, digamos que só há camadas sociais "impermeáveis" na imaginação de Imbelloni. Estabelecendo correlações entre vocábulos gregos, latinos, alemães e anglo-saxões, Imbelloni nos garante que o *vulgus* equivale ao *folk* e que é esse *vulgus* o responsável pelo folclore. Essa absurda teoria deforma, conscientemente, a realidade social. Na melhor das hipóteses, a argumentação de Imbelloni significa que a sociedade burguesa teria realizado a sociedade democrática ideal, restando apenas uma pequena parte da população a enquadrar no ritmo da "civilização". A que classes e grupos sociais correspondem, com efeito, as "entidades" de Imbelloni? Para Cortazar, povo seriam "as pessoas que ocupam o plano intermediário entre os selvagens ou primitivos... e a sociedade intelectualmente refinada e culta"! Marcel Mauss resolvia a dificuldade considerando popular o que não fosse oficial, enquanto Van Gennep achava que o folclore "se ocupa especialmente dos camponeses e da vida rural, e do que disso subsiste nos meios industriais e urbanos". Nenhum progresso, portanto, sobre a concepção do *Homo rusticus* de Corso. Poderemos, a esta altura do século XX, aceitar o idealismo simplista dessas definições?

2

Tecnicamente, e como conseqüência do processo dialético a que está sujeito o folclore, toda a sociedade participa, ativa ou passivamente, da sua criação. Resultado de certas condições sociais, o folclore é, ao mesmo tempo, a expressão ideológica das relações de produção criadas por essas condições sociais. Acontece, apenas, que o quadro dessas relações se apresenta sob o ângulo particular das camadas da população que não têm acesso aos postos de vanguarda na sociedade – os trabalhadores.

Com efeito, essas relações de produção traduzem, na prática – ou seja, na medida do possível –, os desejos e os interesses das classes dominantes, que não coincidem com os desejos e os interesses das classes inferiores. Do ponto de vista das classes dirigentes, essas relações se exprimem na literatura, na arte, nas ciências, na política e na administração pública. Quanto às classes dominadas, só lhes restava o recurso das diversões populares, até a maioridade política da classe operária. Esta última, na sua luta de emancipação, ultrapassou a sociedade burguesa, fazendo-se a guardiã da cultura humana. De modo que as diversões populares ficaram como expressão apenas de grupos de menor importância política – os camponeses, os artesãos, os elementos sem classe – cujos desejos e interesses se vinculam estreitamente aos da classe operária.

Temos, assim, que, embora o folclore se deva, por ação e por omissão, a toda a sociedade, serve-se dele apenas o povo – considerando como *povo*, como o fez a burguesia até a Grande Revolução, o conjunto dos habitantes do país, exclusive os seus exploradores.

3

Vale a pena insistir sobre o papel que desempenham as classes dominantes, senão na criação do folclore, ao menos na sua conformação.

Às mais das vezes, a ação dessas classes se produz espontaneamente, em virtude do próprio mecanismo social, aceitando ou repudiando o conto, a dança, a diversão popular – a sanção dos *mores* a que o folclore serve.

Outras vezes, porém, assume forma violenta, oficial, valendo-se de portarias, regulamentos e leis como instrumento de repressão de parte ou do todo dos fatos do folclore.

Sabemos que a maior parte das diversões populares do nosso país dependeram sempre de licença das autoridades – como ainda agora dependem, em grau maior ou menor. Excetuavam-se os folguedos promovidos pela Igreja Católica – o seu beneplácito já era em si mesmo uma licença –, mas às vezes também era necessário ouvir as autoridades civis, a polícia ou o governador. Outras vezes a diversão era expressamente proibida, como a capoeira de Angola e, ainda neste momento, a *pernada* carioca, e se levava a cabo em desafio à polícia. Certas brincadeiras coletivas, como o samba nas suas várias modalidades, eram, senão permitidas, toleradas pelas camadas superiores da sociedade – e pela sua polícia. Evidentemente, limitadas ou reprimidas de cima, sob o peso dos *mores* e das leis, as manifestações populares tiveram de assumir novas formas, de polir as suas arestas, de enquadrar-se em novos ângulos – a embaixada dos Congos perdeu o seu caráter de luta nacional contra os dominadores portugueses, a capoeira passou a ser uma *vadiação* inocente, o bumba-meu-boi se incorporou às festas do Natal... As modificações impostas de cima foram compensadas, em parte, por modificações vindas de baixo, fruto da resistência oferecida pelas camadas populares – o esoterismo de certas fases das diversões (o agravamento do chamado elemento "ilógico" e "irracional" do folclore), o círculo sempre mais fechado, e em certo sentido conspirativo, dos iniciados, ou ainda o desempeno, o ar valentão ou desafiador, gabola ou fanfarrão, dos foliões, como no *passo* e no maculelê.

Um exemplo de êxito do aparelho de repressão se encontra nas congadas, uma festa inofensiva, de submissão do negro escravo ou liberto à sociedade escravagista. O bumba-meu-boi, embora superficialmente tenha sofrido modificações, constitui, por outro lado, um magnífico exemplo de resistência à corrupção de cima.

4

Uma coisa é certa, porém – somente as formas em que há elementos genuinamente populares permanecem. Os pastoris estão em franca decadência; as congadas se fracionam – e só fracionariamente podemos dizer que ainda existem, em plano nacional; as taieiras e o louvor a São Benedito são simples recordações... A ação deliberada das classes dominantes cria formas precárias de diversão popular, aliás à base de elementos legítimos do folclore – a condição da sua maior ou menor permanência –, mas não consegue destruir a criação popular. Pode desfigurá-la, e assim mesmo transitoriamente, forçá-la a dar novos rebentos ou a insistir sobre característicos mais peculiares. Do que havia de belicoso e altivo na embaixada dos Congos restam apenas o maculelê e o bate-pau; a capoeira, ao mesmo tempo que perdeu muito da sua agressividade, deu um subproduto – o *passo*; o bumba-meu-boi, especialmente no Recife, e como conseqüência das intensas lutas sociais de que a cidade tem sido teatro, se mascara sob incidentes aparentemente absurdos... Falta à diversão criada pelas classes dominantes certa força interior, que somente a criação popular revela. Será talvez a espontaneidade, a aparente falta de lógica e a aparente falta de objetivo que caracterizam a criação popular, que não se apresentam, por exemplo, nos quilombos – um caso típico de intromissão semi-erudita no folclore. O "ilógico" e o "irracional" que os folcloristas oficiais descobrem no bumba-meu-boi, na capoeira, no samba, etc., trazem essa força, essa espontaneidade da criação verdadeiramente popular. Nessas formas populares há um campo quase ilimitado para a iniciativa pessoal – não somente para o aproveitamento de incidentes de outras diversões como para a invenção de novos incidentes, não somente para tratar dos temas "tradicionais" como para discutir as questões do dia, com a graça, a compreensão, o bom humor e o desejo de justiça do povo.

Nesta possibilidade de expansão da capacidade criadora do povo reside a condição para a *atualidade* do folclore.

5

O processo mais constante, nas coisas do populário, é o da recomposição folclórica. A diversão popular se recompõe ao infinito, e às vezes com extrema rapidez. Basta comparar, por exemplo, as versões do bumba-meu-boi devidas a Sílvio Romero e a Ascenso Ferreira. Nem sempre a recomposição se dá por acréscimo, como neste caso, mas pela insistência sobre um dos aspectos da diversão, como no maculelê e na *pernada* carioca, ou ainda por uma nova criação, que só remotamente lembra o seu ponto de partida, como o *passo*. O processo de recomposição é também, por sua vez, dialético – entra em função em conseqüência de determinadas condições, dando em resultado uma síntese dos contrários.

A capoeira, por exemplo, era a forma de afirmação pessoal do liberto ou do negro emancipado da cidade – os "moleques de sinhá" lembrados nas cantigas da diversão. Enquanto esses negros foram perseguidos, e na medida em que o foram, a capoeira se manteve praticamente inabalada, mas, quando novas condições surgiram, com a República, a luta de Angola perdeu a sua agressividade e se tornou um folguedo inocente ou, como no Recife, se resolveu no *passo*. Enquanto houve a necessidade social dos reis do Congo, estes se sustentaram, com toda a pompa, em muitos pontos do país, mas começaram a declinar com o movimento abolicionista, por um lado, e com a deserção dos escravos, de outro, o que punha fora de moda, e reduzia à inutilidade, a sua monarquia. Já o bumba-meu-boi teve de ampliar-se, de aceitar elementos de outras diversões e criar novos incidentes, para poder agradar a uma freguesia mais exigente.

É nesse permanente processo de recomposição, em que se incluem processos secundários de particularização, que vamos encontrar a razão do maracatu e do afoxé, do maculelê e do bate-pau, da *pernada* e do marabacho, etc. Nem sempre o povo cria, mas, ainda quando cria, recompõe – e nessa recomposição encontramos a força de *atualização* do folclore, que assume as formas novas que as novas condições exigem. Embora dentro de formas tradicionais, na verdade não tão rígidas que não permitam boa dose de iniciativa, mesmo no terreno da pura expressão –, o povo anota, discute e interpreta os acontecimentos do dia.

A recomposição, em si mesma, já constitui uma maneira de manter a correlação existente entre as formas eruditas e as formas populares, entre o ápice e a base da superestrutura ideológica da sociedade.

6

O aproveitamento dos temas incidentais sugeridos pela sociedade, pelos fatos atuais, pode dar-se individualmente, para cada fato folclórico em particular, ou coletivamente. Em momento de grandes comoções sociais, surge naturalmente todo um folclore, que tem a mesma idade dos acontecimentos de que nasce. Assim, é lícito falar-se num folclore da Revolução Francesa ou referir-se ao folclore da Revolução Bolchevique. Entre nós, Joaquim Ribeiro desenterrou todo um populário em torno dos bandeirantes. Poderemos encontrar exemplos mais recentes, embora ainda não suficientemente estudados, na riqueza folclórica a que deram causa a

Coluna Prestes, a revolução de 1930, as andanças de Lampião... Os fenômenos folclóricos correspondentes a esses episódios coincidiram com eles e muitas vezes foram o seu reflexo imediato na mentalidade popular. A seca de 1977 no Ceará, as proezas de Antônio Silvino, a atuação da FEB na Itália, o Exército da Borracha, etc., são a fonte de toda uma literatura oral que viveu os sucessos que descreve.

7

Os folcloristas soviéticos ensinam que o folclore tem por característica "a sua ligação viva com a atualidade... O passado se exprime no folclore tradicional, mas vem iluminado pela consciência contemporânea". Sokolov chega a dizer que "o folclore é o eco do passado, mas é, ao mesmo tempo, a voz poderosa do presente".

Discutindo as *folk-tales*, Ruth Benedict observou, com razão, que a cultura particular nelas se reflete, acrescentando que, se a mitologia está viva, e funcionando, "até as mais recentes inovações culturais" podem encontrar lugar nas estórias.

Se, com efeito, o folclore não exprime a realidade atual, limitando-se a repetir o passado, como explicar o interesse de tipo solidário que desperta nas camadas populares, tanto na sua criação como na sua execução? A não ser que admitamos que a noção de passado é idêntica em todos os homens – e que em todos os homens haja o mesmo sentimento de amor e de respeito pelo passado.

UMA REIVINDICAÇÃO SOCIAL

1

O folclore se projeta no futuro, como expressão das "aspirações e expectativas populares" e da sede de justiça do povo.

Vimos que o folclore reflete as relações de produção em vigor na sociedade em que vivemos, embora do ponto de vista dos setores da população que, não tendo acesso ao poder, se solidarizam com os desejos e interesses da classe operária. Vimos, também, que o folclore, em virtude do processo dialético que o rege, se caracteriza pela sua atualidade, pelo constante reajustamento dos seus temas às realidades do dia. Ora, estes processos são essencialmente políticos, já que envolvem uma concepção particular da sociedade no seu conjunto e, em conseqüência, uma ação. O folclore, com efeito, se nutre dos desejos de bem-estar econômico, social e político do povo e, por isso mesmo, constitui uma reivindicação social, embora de forma rudimentar.

Eis por que tinha toda razão o folclorista soviético A. M. Gorki ao considerar o folclore "como a criação, não somente do passado e do presente, mas também do futuro", e ao afirmar que somente a criação genuinamente popular pode atravessar os séculos.

O que há de reivindicação na criação legítima do povo é que lhe comunica essa longevidade e a leva ao futuro.

2

Se o povo utiliza formas antigas para se exprimir, não o faz apenas porque essas formas tenham tido importância no passado – no passado que, para os tratadistas, é o seu presente –, mas porque têm importância para o seu futuro. Já vimos, aliás, que essas formas "antigas" se modificam e se renovam pela recomposição, mantendo a correlação entre as classes, no plano cultural.

Teatro e escola, as diversões populares suprem as deficiências da educação oficial, desenvolvem a força de criação independente do povo, dão nascimento a uma consciência popular – e disciplinam essa consciência. Como se vale o povo do folclore? Por meio de provérbios e frases feitas, preserva um incalculável cabedal de experiência, que tantas vezes reflete a realidade social com agudeza e concisão. Nos folguedos coletivos, encontra recreio, como assistente, uma escola dramática ou uma praça de esportes, como participante. Criando, interpretando ou recompondo formas de expressão, dá um sinal inequívoco da sua presença. Exercita a sua inteligência, com as adivinhas, a sua memória e a sua imaginação com os contos e as lendas. Põe o seu bom humor a serviço das suas aspirações ou a sua destreza a serviço da sua sobrevivência. Ou, enfim, reivindica para si o que a sociedade lhe tem negado, em países como o Brasil, ou lhe está tirando, em outros – o direito ao trabalho, à paz, à liberdade civil, ao bem-estar econômico, à felicidade sobre a Terra.

Podemos dizer que, através do folclore, o povo se faz presente na sociedade, se afirma no âmbito da superestrutura ideológica – e nela encontra a sua tribuna.

E, em verdade, o folclore nem sempre será folclore – pode perder-se na memória dos homens ou transformar-se na realidade social do futuro. Há exemplos históricos que nos indicam, com suficiente clareza, que aquilo que uma época imaginou ser folclore, "sabedoria vulgar", pode vir a ser um dos aspectos mais significativos do complexo cultural de outra época. Os conselhos do Ménagier de Paris à sua jovem esposa, que datam de 1392 ou 1394, deveriam ter sido folclore para a sociedade feudal, mas realmente constituíam um código de moral burguesa, um florilégio de virtudes domésticas, que em algum tempo foi a expressão mais alta do novo tipo de sociedade que viria a surgir das lutas sociais de 1789. O mesmo caráter *futuro* do folclore, como reivindicação, se aplica à literatura oral de todos os países contra as injustiças sociais.

3

Trata-se, porém, de uma arma rudimentar – tão rudimentar que pode ser empregada pelas classes dirigentes da sociedade como elemento de domínio e de opressão do povo, como os reis do Congo e os quilombos – tão rudimentar que pode ser tolerada pelo aparelho de repressão do Estado, como o bumba-meu-boi e o samba, sem grande prejuízo.

Com efeito, não se eliminam as desigualdades sociais com a queima de Judas, a dança do bate-pau ou uma roda de capoeira. Por mais violento e agressivo que seja o caráter assumido pela diversão popular, como reivindicação social, não se pode considerá-la mais do que uma *advertência* do modo de pensar do povo, do seu realismo, do insucesso das classes abastadas no desviar a sua atenção dos problemas fundamentais da sociedade. Daí que a luta organizada dos trabalhadores pela sua emancipação tenha sobrepujado e superado, com facilidade, o folclore, dando a forma de objetivos políticos bem definidos aos desejos e aspirações das massas populares.

O folclore conquista, assim, o futuro.

* * *

Os exemplos seguintes, tomados ao folclore nacional, mostram os vários processos dinâmicos em desenvolvimento em três grupos importantes de diversões populares.

BUMBA-MEU-BOI

1

O bumba-meu-boi tem por tema central a morte e a conseqüente ressurreição do boi. Nem sempre, porém, o espetáculo se apresenta simplesmente com essas características. O motivo central permanece, mas cercado de episódios acessórios, não essenciais, muito desligados da ação principal, que variam de região para região. A versão colhida, há poucos anos, no Recife, por Ascenso Ferreira, na verdade relega o boi, a sua morte e a sua ressurreição para um plano secundário, um simples incidente sem maior importância do que os outros.

Com efeito, o boi não falta, mas, em cada lugar, novos personagens são enxertados, aparentemente sem outro objetivo senão o de prolongar e variar a brincadeira, acrescentando-lhe o elemento cômico de que falou Mário de Andrade. Mais freqüentemente essas novas figuras são animais verdadeiros (a ema, no Recife) ou existentes apenas na imaginação popular (a bernunça, em Santa Catarina); outras vezes são homens e mulheres, que atravessam apenas por um momento a cena, fazem a sua rápida intervenção e se retiram sob os risos da assistência. Esses novos elementos desfiguram a representação e ocultam, desviando a atenção dos espectadores, o seu significado. A versão de Ascenso Ferreira já incorpora tantos personagens incidentais que nem mesmo o boi está presente desde o começo, como no resto do território nacional, sendo necessário ir buscá-lo no Piauí para que seja flechado, caia morto e, por artes do doutor e do Mateus, o vaqueiro, ressuscite para a alegria geral.

Pode-se calcular que a representação, inicialmente, fosse muito mais simples – somente o desenvolvimento do tema central. Ainda em alguns pontos do interior da Bahia pude encontrar o bumba-meu-boi – o rancho do boi, como se diz no estado – com essas características elementares. Mais tarde, e dependendo de fatores vários, econômicos, sociais e políticos, em cada região, o bumba-meu-boi foi se complicando com incidentes e episódios de gosto vulgar, em geral engraçados, tomados a outras diversões populares, de maneira a encobrir quase totalmente o tema central. Uma das primeiras influências sofridas pelo bumba-meu-boi, e de grande importância, foi a sua incorporação – sem dúvida forçada – ao ciclo das festas do Natal, pois a representação nada tem de religioso e, mesmo, na sua forma atual, em alguns estados do Nordeste, ridiculariza a Igreja na pessoa do padre que vem casar Mateus e Catirina, que declara:

Acabou-se o aguardente,
eu quero é sambá!

Foi o que compreendeu Lopes Gama, que, em 1840, escreveu, como nos recorda Pereira da Costa, que "de certos anos para cá não há bumba-meu-boi que preste, se nele não aparece um sujeito vestido de clérigo, e algumas vezes de roquete e estola, para servir de bobo da função. Quem faz ordinariamente o papel de sacerdote bufo é um brejeirote despejado e escolhido para desempenhar a tarefa até o mais nojento ridículo; e, para complemento do escárnio, esse padre ouve de confissão ao Mateus, o qual negro cativo faz cair de pernas ao ar o seu confessor, e acaba, como é natural, dando muita chicotada no sacerdote!"

O testamento do boi – a distribuição simbólica das suas partes pelos assistentes – já não se faz no Recife, nem em geral nas cidades, embora permaneça no interior. Essa parte do auto, que preenche o intervalo entre a morte e a ressurreição do boi, foi registrada por Sílvio Romero, embora sob outra forma, em Sergipe e no Ceará, por Arthur Ramos em Alagoas, por Nunes Pereira no Pará e no Maranhão e por mim na Bahia. O sentido reivindicativo do testamento do boi – a sua repartição pelos membros da comunidade, fazendo tábua rasa do direito de propriedade – parece ter sido muito evidente para subsistir nas cidades mais populosas.

2

Os personagens do bumba-meu-boi, na versão pernambucana de Sílvio Romero (a de Pereira da Costa é apenas uma ampliação desta), são o Cavalo-Marinho, o Arlequim, o Mateus, o Fidélis, o Bastião, a negra Catirina, o doutor, o padre, o capitão de campo. Há, porém, uma multiplicidade de personagens no auto descrito por Ascenso Ferreira, além destes: a Pastorinha, o Valentão Tuntunqué, o Jaguara, o engenheiro, o Queixoso, o fiscal da Prefeitura, o Mestre de Tiá (bordador), a Dona Joana ou Catita Raspada, o Caboclo do Arco, a Ema, o Babau, a cobra, João Carneiro, o Pinica-pau, o João do Alenquer, um casal de cabanos, Mané Pequenino ou Mané Gostoso, Mané das Batatas, a burrinha Calu, o Vaqueiro, seu Coutinho, o Urubu... A simples enumeração desses personagens dá bem uma idéia da amplitude das influências estranhas.

Somente o Cavalo-Marinho, animalejo muito conhecido e estimado nos xangôs do Recife e nos candomblés da Bahia, tem uma longínqua razão de se encontrar no bumba-meu-boi, entre os muitos bichos que nele aparecem. O Cavalo-Marinho ora se apresenta como homem, como Capitão, ora como cavalo, com o Arlequim no comando das rédeas. A Ema, a cobra, o Pinica-pau, a burrinha Calu nada têm a ver, nem mesmo remotamente, com a representação. A Pastorinha namora o Cavalo-Marinho; o engenheiro mede as terras do Capitão; o Jaguara e o Babau, fantasmas, divertem a assistência, metendo medo às crianças; Mané das Batatas vai buscar o boi no Piauí; seu Coutinho mata o boi e o Urubu chega, farejando carniça; mas que relação têm com a morte e a ressurreição do boi o Valentão e o Queixoso, o Mestre de Tiá, a Catita Raspada, o Caboclo do Arco, João Carneiro e João do Alenquer, o casal de cabanos e o Mané Gostoso? Parece claro que todos esses personagens foram intercalados, de um lado para prolongar a representação, de outro para torná-la mais interessante para a platéia – parte do processo de mascaramento do tema central.

Não é difícil descobrir onde se foi buscar o Arlequim do bumba-meu-boi. A Pastorinha certamente vem dos bailes pastoris e dos ternos e ranchos de Reis; a cena do Valentão deve ser parte de algum romance anônimo do sertão – ou, como veremos, um desdobramento sugerido pela versão mais antiga; o Caboclo do Arco é uma criação que lembra a figura convencional do índio brasileiro; o casal de cabanos representa os sertanejos (*cabanos* em Pernambuco, recordação da revolta de Vicente de Paula); Mané Gostoso é um boneco articulado, de fabricação popular, do Nordeste – e, no auto, o figurante vem com um camisolão que lhe aumenta ou diminui o tamanho, à vontade; a burrinha Calu é bem conhecida dos ternos e ranchos de Reis.

Os fantasmas resultam da concepção católica e espírita das almas do *outro* mundo e dos seus correspondentes entre nagôs e bantos. Há em Ilhéus (Bahia) uma variante local – Turubibita ou Cebola Branca – com a mesma função de divertir a assistência, fazendo cabriolas e arremetendo contra a criançada. O mesmo sucede com a bernunça do boi-de-mamão catarinense – o bicho-que-come-gente, que engole crianças escorregando-as pela sua desmesurada boca.

3

O notável, no bumba-meu-boi, é a posição ridícula em que se encontram os representantes das classes superiores.

O folguedo é, em si mesmo, uma reivindicação – a da importância daqueles que lidam com o boi em relação com os seus beneficiários. Se reduzirmos as pessoas do drama ao estritamente essencial – isto é, o boi, o Cavalo-Marinho ou Capitão, o Mateus e o doutor –, veremos que o Mateus e o boi, de que ele cuida, são os personagens verdadeiramente atuantes, sem os quais o auto não poderia subsistir. O Capitão ou Cavalo-Marinho é o Amo ou Dono do Boi em outros pontos do país (na Bahia, por exemplo), mas a única coisa que sabe fazer, ao ver o boi morto, é arrepelar os cabelos, avançar de rebenque em punho contra o Mateus ou mandar chamar o doutor. Ascenso Ferreira supõe que o Cavalo-Marinho simbolize os antigos capitães-generais de Pernambuco, mas parece mais provável que se trate do proprietário rural, do senhor de escravos, pois, na versão pernambucana mais moderna, aparece um engenheiro para lhe medir as terras e, tanto na antiga como na moderna versão, Bastião e Catirina são escravos do Cavalo-Marinho. Quanto ao doutor, sem dúvida dá jeito na dificuldade, receitando um clister para ressuscitar o boi, mas a sua medicina é ridicularizada pelo Mateus, que enfia uma criança no traseiro do animal. Em outras versões, o doutor é cego e apalpa o boi como se apalpasse uma mulher; ou então se inflama de ódio por ter sido confundido com um veterinário, mas logo se acalma, quando o Mateus lhe insinua que o serviço será bem pago. Na Bahia, o bumba-meu-boi prescinde do doutor. Em toda parte, o Mateus ou o Vaqueiro é o personagem mais importante da representação – e está sempre presente em cena. Na versão de Pereira da Costa, um dos primeiros quadros apresenta Mateus, Bastião e Fidélis dançando:

> Se Fidélis dança bem,
> o Mateus dança milhó.

Quando o boi, depois de muito dançar, se deita, o negro escravo Bastião declara que "o boio do sinhô" morreu, enquanto Mateus põe as mãos na cabeça: "Minha boio morreu!" Este sentimento de propriedade do boi diz bem da importância do Mateus – do vaqueiro em geral – em relação com os demais figurantes, o dono inclusive. O boi é do Mateus. E, por extensão, de todo o grupo:

> O meu boio morreu
> Que será de mim?

Daí, logicamente, a repartição do boi.

4

A versão mais recente de Ascenso Ferreira envolve outros representantes das classes superiores da sociedade. Estarão, por acaso, em situação melhor?

O engenheiro, metido num fraque, vem medir as terras do Capitão e resolve que o proprietário rural tem de pagar multa. O Capitão recorre ao fiscal da Prefeitura, outro elemento da classe dominante, que a princípio fica ao seu lado, mas depois, subornado pelo engenheiro, convém na multa, que é dividida entre os dois. Para legalizar a medição, o homem da Prefeitura se senta sobre a planta das terras... O padre vem confessar Mateus, que vai casar com a negra Catirina. A confissão se interrompe, abruptamente, quando o Mateus aplica uma *rasteira* no padre, que dá com os fundilhos no chão. O sacerdote, porém, toma uma bebedeira, durante o casamento, e se diverte a dançar e a namorar com as garotas. Na versão de Pereira da Costa há um capitão-do-campo (capitão-do-mato, em outras regiões), capanga das classes dominantes, que entra em cena perseguindo o Fidélis como negro fugido. O Fidélis afirma as suas qualidades, fazendo praça do seu valor:

> Quero que você me diga
> quantos contos deu por mim.

Trava-se a luta. O Fidélis domina o capitão-do-campo e o manieta com a corda que este trazia para prender o negro, enquanto o coro o aperreia:

> Capitão-do-campo,
> veja que o mundo virou:
> foi no mato pegar negro,
> mas o negro o amarrou.

O capitão-do-campo confirma a opinião do coro, respondendo que é famosa a sua valentia – famosa e inigualável:

> qualquer susto que me fazem
> logo me ponho a correr.

Uma cena semelhante, com outros personagens, que nada têm a ver com a morte do boi, se encontra na versão de Ascenso Ferreira –

o encontro do Valentão Tuntunqué com o Queixoso. O Capitão prende e amarra o Valentão, mercenário que se emprega a quem lhe pague para matar os desafetos, e o Queixoso, roubado pelo Valentão, lhe aplica uma boa *coça*, aproveitando a oportunidade. O Valentão se apresenta com palavras semelhantes às do capitão-do-campo. Nota-se que é o mesmo episódio, modernizado – já não há capitães-do-campo –, mas a sua ligação com o auto é ainda mais remota, pois os dois personagens estão como que soltos na representação.

5

Por contraste, estudemos o episódio em que entra João Carneiro e o diálogo do casal de cabanos, representantes das classes inferiores. São, evidentemente, novas aquisições do bumba-meu-boi.

Entra em cena uma cobra, que atira botes contra Mateus e Bastião, conseguindo picá-los. O Capitão manda chamar João Carneiro, rezador. Este pede apenas um pouco d'água do riacho e, com esse material, benze os dois, curando-os por milagre. Compare-se essa simplicidade, essa eficiência, com a intervenção do doutor que vem ver o boi.

O diálogo dos cabanos se desenvolve declaradamente num ambiente de defesa dos direitos do trabalhador:

> M – Marido, pranta feijão!
> H – Aonde?
> M – No Engenho do Guerra!
> H – Ora, pranto o feijão, o grilo come, eu perco a terra!
> M – Neste caso pranta cana!
> H – Aonde?
> M – Na terra do sinhô de engenho!
> H – Diabo leve o empenho!
>   Roçá mato, prantá cana
>   e dá lucro ao sinhô de engenho!

Esses exemplos são da versão de Ascenso Ferreira. O primeiro revela respeito pela arte da medicina popular, pelo rezador ou curandeiro que partilha das desgraças das camadas inferiores da sociedade, e em muitos casos traz alívio real às suas dores, enquanto o segundo mostra até que ponto se enraizou na massa o reconhecimento de que o trabalho – o trabalho nas condições semifeudais em que vive – "não dá camisa a ninguém", especialmente no campo.

Na sua versão mais recente, o auto ridiculariza a pessoa de classe inferior que tenta escapar à sua condição, fazendo-se passar por grande personagem. É o caso de Dona Joana ou Catita Raspada, que se diz modista de boa freguesia, mas se veste com roupas tomadas de empréstimo.

> Dona Joana, Dona Joana,
> essa roupa não é sua
> Pelo jeito que estou vendo
> – Dona Joana!
> você hoje fica nua!

Os figurantes lhe tomam o chapéu, o xale, a sombrinha, o casaco, a saia... Dona Joana fica, assim, publicamente, reduzida às suas verdadeiras proporções – e sai de cena antes que os donos lhe arranquem a última peça de roupa.

6

O testamento do boi – a divisão do animal pelos figurantes e pelos assistentes – não se realiza em Pernambuco, desde os tempos de Sílvio Romero e de Pereira da Costa, mas ainda é comum em Alagoas, na Bahia e no Pará.

Logo que se constata a morte do boi, processa-se a divisão, mais ou menos como neste exemplo do boi Maravia de Santo Amaro (Bahia):

O colchão
é de meu patrão

O filé
é de seu coroné

A carne da rabada
é da rapaziada

A tripa lavada
é da muié casada

A tripa escorrida
é da muié parida

A tripa gaiteira
é das moça sortera

O peso do bofe
é do véio Teófe

A fuçura
é do véio Ventura

Os dois mocotó
eu não vendo nem dou:
– é dois de vovó
e dois de vovô.

Versos semelhantes foram colhidos por Arthur Ramos no Pilar (Alagoas) e por Nunes Pereira no Pará e no Maranhão.

Um traço comum, nesta repartição, é que a divisão se faz sem tomar conhecimento dos desejos e intenções do Dono do Boi – tanto o boi pertence aos que com ele lidam. A divisão se faz diante do animal, imediatamente após a sua morte, e, como vimos, entre presentes e ausentes, que são, entretanto, pessoas indeterminadas, simbólicas, mesmo quando se trata de pessoas aparentemente bem caracterizadas, como os velhos Teófe e Ventura.

7

Uma comparação sumária entre as versões de Pereira da Costa e de Ascenso Ferreira pode indicar o processo de desdobramento que se verificou nos quarenta anos de intervalo.

Na versão mais antiga, a de Pereira da Costa, o Capitão pede licença aos presentes ou ao dono da casa para que o boi dance com o seu vaqueiro – exatamente como ainda acontece na Bahia e em geral no interior. O Cavalo-Marinho dança o *baiano* – um passo corrente na ocasião, mas agora desaparecido. Essa apresentação, esse prólogo do drama, já não ocorre na versão de Ascenso Ferreira, restando apenas – e assim mesmo quando já bem adiantada a representação – os versos da Cantadeira, em lugar do Cavalo-Marinho:

> Faz uma mesura
> a toda essa gente!

– versos que, ligeiramente modificados, já se cantavam, em 1871, segundo o testemunho de José Boiteux, no Desterro (Florianópolis). Logo em seguida entra o boi – que, na variante mais nova, só surge no fim do auto. O boi é chamado *boio* pelo seu vaqueiro, o Mateus, que adultera deliberadamente as palavras, como ainda acontece na Bahia. Grande parte das canções e gestos se dirige especialmente ao boi, incitando-o a dançar, a mostrar o que sabe, a arremeter contra os assistentes... Nada disso se vê no bumba-meu-boi agora corrente no Recife.

A figura do Pinica-pau parece vir da quadrinha que as cantadeiras fazem ouvir, ao chegar o padre, pedindo-lhe:

> Dance aquele passo
> do Pinica-pau

Ora, "aquele passo" já se perdeu no esquecimento. "Passo" lembra "pass'o" – especialmente se há, como é o caso, o "pass'o" pinica-pau (pica-pau), já consagrado pelos poetas populares,

> Pinica-pau, de atrevido,
> de um pau fez um tambô!

e conhecido em todo o Brasil, através de canções e rimas populares, como reconheceu Mário de Andrade.

Já me referi ao caso do Valentão Tuntunqué, substituto atual do capitão-do-campo, cuja recordação passou com a libertação dos escravos. Esse valentão traz o sinal do cangaço, fenômeno cotidiano do sertão nordestino, e, com o novo episódio, o auto se amplia e se atualiza.

8

Em Alagoas, Arthur Ramos colheu o auto dos guerreiros, em que se fundem os bailes pastoris, o auto dos Congos e o bumba-meu-boi, com personagens como o índio Peri, generais, vassalos, a Estrela de Ouro, a Borboleta, a Sereia, o capitão-do-campo (uma cena igual à do bumba-meu-boi), a Lira, o Caboclo, o Mateus, o boi... Há troca de embaixadas, anunciando a guerra; há *entremeios* (entremeses); há, por fim, a morte e a ressurreição do boi.

Alfredo Brandão se refere, muito por alto, ao guriabá de Alagoas, que tinha "qualquer coisa de representação teatral", com personagens como o Mateus, o boi e o *sujão* que o curava.

Trata-se, num e noutro caso, de empréstimos ao bumba-meu-boi para revitalizar folguedos populares de Alagoas.

9

O boi-bumbá, na região do *salgado* paraense, se realiza com ligeiras diferenças do bumba-meu-boi em outros pontos. Pelo que conta Nunes Pereira, o grupo sai para dançar numa casa conhecida e, enquanto o Amo (o Capitão ou Dono do Boi em outros lugares) canta e os vaqueiros fazem o coro, o boi desaparece de cena, roubado pelo chefe dos vaqueiros, Pai Francisco, para alimentar a mulher, Mãe Catirina ou Catitinha, que está grávida. De repente o Amo dá por falta do boi e manda que se procure

    Flor do Campo
    que não dormiu no curral

mas sem resultado. Chama-se então o Pajé, que por processos mágicos identifica o ladrão. Pai Francisco, a despeito da intercessão de Mãe Maria, mulher do Amo, é preso, mas nessa ocasião voltam os vaqueiros trazendo o boi morto – aqui intervém o testamento –, e Pai Francisco aproveita a oportunidade para ressuscitá-lo, dando-se então o congraçamento geral.

Mais tarde há a morte *definitiva* do boi, que é simbolicamente enterrado em local certo, para só voltar a aparecer no ano seguinte.

O boi-bumbá – e nisto se singulariza – não coincide com as janeiras, sendo essencialmente uma festa junina no litoral paraense.

10

O boi-de-mamão de Florianópolis praticamente dispõe dos mesmos personagens do bumba-meu-boi em geral. As figuras principais, como sempre, são o Mateus (vaqueiro) e o boi, mas ocorre uma circunstância extraordinária – a de ser o Mateus quem, com um espeto de pau, faz o boi morrer. O feiticeiro, com um galho de alecrim, espanta o urubu e benze o boi, que volta a dançar, mas logo surge o Cavalinho, que laça o boi por um dos chifres,

> dá a meia-volta,
> laça e vai embora!

para retirá-lo do círculo. Em seguida, dançam a cabrinha e a bernunça, a primeira muito conhecida nas festas populares do ciclo do Natal, a segunda uma estranha criação popular. O Cavalinho deve ser o Capitão ou Cavalo-Marinho, o Amo ou o Dono do Boi, enquanto o feiticeiro certamente corresponde ao Doutor ou Pajé, e tem mesmo o apelido de "seu doutô" em Itajaí. Fora desses personagens, ocorrem, em vários pontos de Santa Catarina, alguns animais, como o urso, o tigre, o macaco...

José Boiteux, citado por Osvaldo Ferreira de Melo, a quem devemos a descrição do boi-de-mamão, contava que os versos

> Eia, bumba, meu boi,
> que a carestia aí está:
> carne e peixe não se vê,
> e de milho nem fubá!

foram cantados durante a representação do boi-de-mamão a que assistiu no Desterro (1871).

A figura mais interessante, e sob muitos aspectos peculiar, por ser uma criação *brasileira*, é a da bernunça, o-bicho-que-come-gente,

> esse bicho come gente
> que é de amedrontá

– uma espécie de diversão complementar do boi-de-mamão, da mesma espécie do Babau ou de Turubibita. Parece tratar-se de um caso de "moléstia verbal" (Max Müller), em que uma locução latina, de esconjuro, bem conhecida de tabaréus e caipiras, se materializou na figura de um monstro que povoa a imaginação das crianças e da gente humilde do litoral catarinense.

CONGADAS

1

A coroação de reis do Congo parece ter sido um divertimento tolerado, senão mesmo criado e estimulado, pelos senhores de escravos, como elemento de dominação da mão-de-obra servil.

Os reis eram eleitos anualmente ou, de preferência, vitalícios, escolhidos pelas Irmandades da Senhora do Rosário dos Pretos. Tratava-se, em geral, de homens idosos, e mesmo senis, inclinados à conciliação, benquistos pelos senhores devido à sua subserviência, a quem se permitia, sem prejuízo – em verdade com lucro – uma realeza de papelão. Um caso extremo, embora significativo, se encontra no pedido de licença para coroação de rei da *nação* rebolo (1748), desenterrado por Melo Morais Filho nos velhos arquivos da Lampadosa. Os peticionários desejavam impor a coroa "a Antônio, fâmulo do [...] Ilmo. e Exmo. Vice-Rei". Isso demonstra, sem sombra de dúvida, o *arranjo* dessas diversões.

As Irmandades da Senhora do Rosário dos Pretos constituíam uma concessão da Igreja Católica à população de cor – uma das poucas que o clero católico se animou a fazer durante toda a vigência da escravidão –, mas, por outro lado, também não deixavam de ser uma concessão à população branca, já que consagravam a separação entre senhores e escravos e serviam, à sua maneira, à política geral de dominação do Estado. Por exemplo, a Irmandade de Igaraçu, tomando por modelo o compromisso da Irmandade congênere de Olinda, estabeleceu (1706), pelo que escreve Pereira da Costa, que somente negros, livres ou escravos, "que saibam a doutrina cristã e sejam capazes de receber o Sacramento da Comunhão", poderiam fazer parte da confraria e exercer os seus cargos administrativos, exceto o de Tesoureiro, "que deve ser sempre um homem branco, abastado de bens, zeloso e temente a Deus, para seguirem [os negros] o seu bom exemplo". Ora, nada se podia fazer contra o voto desse Tesoureiro, que, assim, na verdade era o associado mais importante da Irmandade!

Pereira da Costa declara que os reis do Congo "recebiam [...] do poder público um certo apoio garantidor das suas regalias majestáticas". Os soberanos desempenhavam, como se sabe, a função pública de induzir ao trabalho os escravos e os negros em geral e de contê-los quando, esgotada a sua capacidade de paciência, se revoltavam contra os senhores. A princípio a eleição (ou melhor, a escolha) era feita diretamente pela Irmandade, mas logo se tornou necessária a aprovação policial. Por exemplo, confirmando a eleição de Antônio de Oliveira (1748), a polícia pernambucana o incumbia de outras coisas nada monárquicas – "ficando o referido rei obrigado a inspecionar e manter a ordem e subordinação entre os pretos que lhe forem sujeitos". A mesma coisa sucedia no Rio de Janeiro, embora os documentos não sejam tão explícitos como o já citado, descoberto por Pereira da Costa. Na capela da Lampadosa, conta Melo Morais Filho, coroaram-se rei e rainha Caetano Lopes dos Santos e Maria Joaquina, "ambos de nação Cabundá" (1811), depois de eleitos e de conseguida a licença "do Ilmo. Sr. Intendente-Geral de Polícia". Ainda hoje se encontra, nas congadas, expressamente, esta função de feitor que tinham os reis do Congo:

> Nosso reis é só quem manda
> pra nós tudo trabaiá.

Fora dos reis, havia governadores de *nação*, naturalmente com o mesmo caráter, por nomeação das autoridades civis. Será talvez nessa categoria que devemos incluir os juízes de Angola, de São Paulo, citados por Nina Rodrigues.

A "monarquia" conguesa seguia, em geral, o padrão português.

2

As congadas vêm desse costume de coroação dos reis do Congo – um costume, como vimos, provavelmente instituído pelas classes dominantes para distrair os escravos das suas agruras – com o acréscimo de outro elemento, este legitimamente africano – a célebre embaixada que Jinga Bândi, depois batizada como Ana de Sousa, chefiou junto ao governador de Angola, no século XVII (desta ou de outras rainhas de Angola, como retificou Mário de Andrade). Esta embaixada ora é a comunicação de guerra entre dois reinos, como atualmente se faz na Paraíba, ora é um simples assalto ao cortejo real que vai para a festa da circuncisão, como outrora nos cucumbis de Melo Morais Filho.

Não dispomos, infelizmente, de uma versão antiga, que mereça fé, com a qual pudéssemos estabelecer correlações. Mário de Andrade ainda pôde recolher, em Pombal (Paraíba), uma variante com os episódios do cortejo real e da embaixada. Em outros pontos do território nacional, porém, a congada se limita ora ao cortejo real (Rio Grande do Sul), ora à embaixada (Minas Gerais e São Paulo). Os cucumbis descritos por Melo Morais Filho (Rio de Janeiro) e Manuel Querino (Bahia) e os congos de Pereira da Costa (Pernambuco) são degradações da congada, os dois primeiros já com a intromissão de figurantes indígenas do tipo convencional. A congada de mais extenso repertório parece ser a da Lapa, Paraná, estudada por José Loureiro Fernandes.

Os motivos do cortejo e da embaixada, os figurantes e os incidentes da representação variam de lugar para lugar. Se, na Paraíba, os contendores – a corte do rei Congo e os embaixadores da rainha Jinga – fazem parte do mesmo grupo, no Rio Grande do Sul quicumbis e moçambiques são grupos autônomos, com organização e direção próprias, que se encontram no dia determinado para a festa. E, quando um desses grupos, por qualquer motivo, não sai – como aconteceu durante a pesquisa realizada por Dante de Laytano –, a congada fica reduzida a apenas uma parte do auto, no caso o cortejo real. Quando se trata de dois grupos distintos, o número de figurantes naturalmente cresce – especialmente oficiais e dignitários da Corte. Na Paraíba, a rainha Jinga não faz parte da representação senão através do seu Embaixador, mas, fora daí, é um personagem invisível; já no Rio Grande do Sul a rainha Jinga é a mulher do rei Congo, e com ele fecha o cortejo real, sem a rivalidade que a congada, em outros pontos, sugere entre os dois soberanos. Em São Paulo, as congadas já admitem outros elementos – a "embaixada de Carlos Magno" em Piracaia, e a disputa entre os partidos dos Congos e dos turcos, em Sorocaba. Em Santo Tomás de Aquino (Minas Gerais), a congada não passa do cortejo real. Nos cucumbis, que parecem provir de algum modo das congadas, o personagem mais importante praticamente é o feiticeiro, que ressuscita o filho do rei Congo, flechado por um chefe caboclo. (Nesses cucumbis os figurantes vêm armados de arco e flecha e Manuel Querino fala mesmo em "indígenas"). Os congos de Pereira da Costa (Goiana) são a representação de uma embaixada de paz, com presentes para o rei e concessões de terras e títulos, em meio à alegria geral:

> Se vindes de guerra, retirai-vos;
> se vindes de paz, sentai-vos,
> que temos muito que folgar.

São grandes, portanto, as flutuações no tema das congadas.

3

A reunião desses dois elementos, entre si tão díspares, deu em resultado as congadas – as diversas variantes das congadas.

A embaixada da rainha Jinga constitui um alto exemplo de reivindicação nacional contra os dominadores estrangeiros – a defesa de um povo negro contra os invasores portugueses do reino de Angola. Era difícil, realmente, conciliar a consciência nacional da rainha Jinga Bândi com as funções policiais, de traição nacional, dos reis do Congo! Um ou outro aspecto predomina e, eventualmente, há o equilíbrio – nos casos em que a rainha Jinga é a mulher do rei Congo. Mesmo na variante paraibana, uma das mais compridas de todas, a rainha Jinga luta contra o rei Congo, sendo fácil notar que houve acomodação em face dos dominadores portugueses. Essa acomodação não é recente nem superficial. Na Paraíba, o rei do Congo se chama rei Cariongo e tem o nome de Henrique, lembrança dos muitos suseranos Henrique e Carlos (Caro) da dinastia angolense, como ensina Artur Ramos. De maneira que, no melhor dos casos, a congada significa, não a luta da rainha Jinga pelo direito do seu povo, de dispor livremente do seu destino, mas uma guerra que envolve tribos africanas, numa disputa convenientemente distante.

A diversão se faz, assim, inteiramente ao gosto das camadas dirigentes da sociedade.

4

Além desse aspecto, de distorção de um dos acontecimentos principais do auto para se acomodar aos desejos da sociedade oficial, a congada vai perdendo as suas raras características africanas, pode-se dizer que à medida que desce da Paraíba para o Rio Grande do Sul.

No Nordeste, o rei se chama Henrique, rei Cariongo; o seu filho é o príncipe Suena (*suana*, príncipe herdeiro em Angola); o rei é assistido pelo seu ministro, por dois dignitários e pelo secretário Lúcio; de parte da rainha Jinga, além dos seus guerreiros, há apenas o Embaixador e o general. Melo Morais Filho aponta, como figurantes dos cucumbis do Rio de Janeiro, além do rei e da rainha, o Capataz, que dirige a representação, o Língua, o Quimboto ou feiticeiro, o Caboclo ou chefe inimigo, etc. Em Piracaia (São Paulo), além de a embaixada ser de Carlos Magno, há personagens como Roldão, o duque Reginer, o Cacique, Turco ou Ferrabrás, um almirante... Há aqui, evidentemente, uma série de empréstimos dos romances medievais, das cheganças, dos restos das culturas indígenas. As congadas de Osório (Rio Grande do Sul) – ou melhor, do grupo de moçambiques estudado por Dante de Laytano – dispõem de guias, de pajens, de capitães, de um coronel ou tenente-coronel e até mesmo a porta-estandarte, necessariamente mulher, se chama alferes da bandeira – um título que ocorre nas *folias* do Divino e dos Reis. Manuel Querino cita uma quadra dos cucumbis da Bahia, em que se evidencia, já em tempos recuados, a extensão das influências no auto das congadas:

> Viva nosso rei,
> preto de Benguela,
> que casou a princesa
> co'o infante de Castela.

Embora o rei fosse sempre do Congo, o seu reinado podia abranger congueses ("conguinhos"), cabindas ("cambindas"), angolenses, benguelas, rebolos, moçambiques, etc., tanto escravos como libertos. O pedido de licença dos cucumbis, na Bahia e no Rio de Janeiro,

> Com licença, auê

faz parte do ritual de muitos tipos de candomblé, quer quando se pede licença a Zambiapongo (Manuel Querino), quer quando o pedido de licença se dirige ao dono da casa (Melo Morais Filho). A presença de turcos em algumas variantes, especialmente do centro do Brasil, sugere a intimidade com a *Estória* dos Pares de França. Enfim, a congada, entrando como parte do ciclo de Natal das festas populares, já constitui um auto de propaganda da fé católica – esquecido o caráter de reivindicação nacional da embaixada para ressaltar, apenas, a pompa do cortejo real, sob o que se esconde o servilismo dos reis do Congo.

5

O mais novo rebento das congadas parece ser a *laia* dos índios terenas de Mato Grosso, dança já abandonada, descrita por Kalervo Oberg. Havia um rei, ou princesa, custodiado por soldados, mas a figura principal era o bobo, cuja função consistia em fazer com que os assistentes rissem – e por isso mesmo pagassem multas em víveres, que, logo que reunidos em quantidade suficiente, serviam à folgança geral. Essa festa é "historicamente recente", sabido que os terenas chegaram a Mato Grosso em meados do século passado.

Esses índios têm ainda outra dança, a do bate-pau (*kóhi-shoti-kipahé*), reconhecidamente recente e estranha à tribo, que talvez decorra das congadas – mais exatamente, dos cucumbis de Manuel Querino. Os dançarinos se dividem em dois grupos, "mansos" e "brabos", cada qual com uma cana de bambu de 4 a 5 pés de comprimento na mão. Os dois grupos mantêm certa distância entre si, fazendo círculos para um lado e para o outro. Ora os paus ficam apoiados na coxa, ora são usados como espada, e os homens de cada grupo batem os seus paus contra os do grupo contrário, "uma vez embaixo, duas vezes em cima", fazendo um ruído característico, que dá nome à dança.

Ora, os cucumbis baianos marcavam o compasso cruzando os *grimas*, pequenos cacetes de 30 centímetros de comprimento, ao final de cada estrofe, e, nos intervalos, faziam volteios independentes. Presumivelmente, os cucumbis se dividiam em duas fileiras para essa dança. Era a batalha simulada que ocorre nas congadas.

6

O maculelê de Santo Amaro (Bahia) foi o que restou dos cucumbis descritos por Manuel Querino – a batalha simulada, mas sob o aspecto individual.

A orquestra se compõe de um reco-reco e de uma caixa (tambor), acompanhados pelo choque ritmado de dois paralelepípedos. Dois homens lutam de cada vez, tendo nas mãos duas *esgrimas*, que – escreve Darwin Brandão – são "pedaços de pau, finos e resistentes". Golpeiam-se e defendem-se com as *esgrimas*. "Cada qual procura ver o lado mais fácil de atacar. Ficam como dois galos de briga e, quando um dos lutadores consegue uma oportunidade aplica um golpe, isto é, desfecha com toda força uma das *esgrimas* contra o adversário, que, atento, defende, escorando o golpe com sua *esgrima* [...]. A luta é violenta e cansa muito. Com um minuto, no máximo, estão suando em bicas, ambos cansados. É necessário dar grandes pulos..." Não é difícil identificar, aqui, os *grimas* de Manuel Querino, embora haja uma diferença importante – os "pedaços de pau" são utilizados em combate singular.

Os negros que fazem o maculelê realizam a sua diversão ao som de cantigas especiais, como a que diz

> Somos negros da catanga d'Aluanda

bem significativa da origem banto do folguedo.

O maculelê não é o cucumbi, mas a especialização de um dos seus incidentes, que nesse processo se fez autônomo e assumiu características peculiares.

7

Pura reminiscência do cortejo real dos Congos, há o maracatu, que se desenvolveu quase independentemente em Pernambuco e particularmente no Recife.

Em Alagoas, segundo o depoimento de Alfredo Brandão, o maracatu se realizava no Natal, no terreiro dos engenhos. Negros e negras, com vestimentas brancas de algodão, se dispunham em duas filas, dançando em volta de uma boneca preta – Santa Bárbara. A dança tinha lugar durante alguns dias, ao som de instrumentos musicais típicos – adufe, ganzá, mulungu, berimbau... Outra forma, ligada ao maracatu, era o buá – maracatu buá – em que se pode ver um antecessor do coco, uma influência da quadrilha do século passado: negros e negras se organizavam em duas ordens de dançarinos, de mãos dadas, e ao compasso da música batiam palmas e giravam sobre si mesmos.[1]

O maracatu pernambucano atual constitui ainda o cortejo real, com o rei e a rainha fechando a marcha. Embora já seja um clube, o maracatu ainda conserva o distintivo nacional, tribal, como o conhecido maracatu da Cambinda Velha. Outros se chamam de *nação* Porto Rico, de *nação* Leão Coroado... Antigamente, traziam animais, como o galo e o jacaré, na vanguarda do préstito, e um casal de bonecos, o príncipe d. Henrique, certamente o mesmo das congadas, e a princesa dona Clara, também chamada Calunga ou Catita. Todos iam descalços, apesar de principescamente vestidos, menos os soberanos e os dignitários da Corte. O embaixador vinha à frente do pálio real – um chapéu de sol de pelo menos três cores, sempre em movimento rotativo – com dois guardas de honra indígenas aos lados. Tudo isso, praticamente, continua a existir nos maracatus do Recife, mas a figura mais importante, apagado da memória comum o motivo central do cortejo, é a Dama-do-Paço – a melhor dançarina do maracatu – que conduz a boneca. Esta ainda é preta, mas já não é Santa Bárbara – é simplesmente a boneca. Entretanto, como Calunga, essa boneca lembra o mar ou um dos orixás das águas, com quem Santa Bárbara está identificada, embora, como Catita, diminutivo de Catarina, lembre a negra escrava que surge no bumba-meu-boi ou a figura ideal de mulher presente nos cânticos da capoeira de Angola. Catita pode ser, ainda, a substantivação do adjetivo *catita*, que na linguagem popular significa *bonito*, *delicado*, *bem-feito* ou *elegante*. Houve, assim, uma

---

1 Ver nota de Raul Lody no final do livro.

simplificação do cortejo, sem que este, porém, tenha perdido algo de essencial.

O desfile real do maracatu, rebento das congadas, não tem enredo nem incidentes e, por isso mesmo, conserva melhor as suas características.

8

Menos conhecido do que o maracatu do Recife, também constitui uma reminiscência do cortejo dos reis do Congo o afoxé da Bahia.

À frente do desfile vem um grupo de caçadores, seguido pelo Babalotim ou Babalotinho, um jovem que carrega um boneco e dança independentemente dos demais – versão masculina da Dama-do-Paço do maracatu. Segue-se a porta-bandeira, com a sua guarda de honra, e atrás vem a charanga. Fecham a marcha vassalos e crioulas, em trajes típicos. Aqui, porém, nem sempre há rei e rainha. O desfile perdeu o seu objetivo – não é mais o cortejo real, embora o sugira o seu esplendor, os negros vestidos como príncipes ou nobres, de roupas de cetim, luvas e bordados.

Eram certamente afoxés a Embaixada Africana e os Pândegos de África, que fizeram furor nas festas carnavalescas de fins do século passado, na Bahia. Estes ainda tinham, como figurantes, os soberanos.

O costume havia desaparecido, há alguns anos, com o Otum Obá de África, mas novos afoxés estão surgindo agora, no Carnaval baiano, como o dos Filhos de Gandhi, o dos Filhos de Obá, o dos Lordes Africanos, o dos Congos de África, etc. O animador do terceiro desses novos afoxés era o pai-de-santo (falecido) Manuelzinho de Oxoce, do Pau Miúdo.

9

O auto dos quilombos, de Alagoas, parece ser uma adaptação semi-erudita do auto dos Congos para comemorar a vitória das armas luso-brasileiras contra o quilombo dos Palmares. Os grupos rivais são constituídos de negros e de índios. Os negros são apresentados como salteadores, que vendem o resultado do saque da noite anterior, enquanto os índios, vencedores da batalha, libertam uma branca raptada pelos negros, que servia como rainha do quilombo.

Parece que esse auto se destinava a criar uma consciência contra as insurreições de escravos, que por todo o século XVII intranqüilizaram a região. Em primeiro lugar, renega-se deliberadamente a verdade histórica, pois, se havia índios combatendo contra os negros palmarinos, em algumas das expedições que demandaram a Serra do Barriga, esses índios não eram de Alagoas nem de Pernambuco, visto que, com estes, os negros fizeram boa amizade, tanto que muitos deles lutaram a favor do quilombo em alguns dos seus mocambos. Em segundo lugar, era de Alagoas que se originavam ou partiam para os Palmares as expedições – e a população sabia que era a tropa de linha quem se aventurava pelas brenhas em busca dos quilombolas, e não índios. E, finalmente, o negro Zumbi, chefe do quilombo, era tão popularmente famoso pela sua resistência (o governador de Pernambuco chegou a mandar espetar a sua cabeça num poste, numa das praças do Recife, para destruir a lenda de que o Zumbi era imortal) que o povo, se tivesse de incluí-lo numa das suas criações, o consagraria como um herói.

O auto se circunscreve a algumas cidades de Alagoas, Maceió inclusive, e de Sergipe (*lambe-sujo*).

Não é difícil encontrar influências não populares na sua criação e na sua execução, embora nele se aproveitem motivos legitimamente populares, como o estribilho

> Folga nego,
> branco não vem cá!
> Se vié,
> pau há de levá!

muito característico do espírito de luta dos negros de Palmares. Trata-se, certamente, de uma peça de folclore devida não às fontes normais do populário, mas às classes e camadas sociais então dominantes na região.

CAPOEIRA DE ANGOLA

1

Entre todas as diversões populares brasileiras, a capoeira de Angola se singulariza por ter, desde o começo, atraído a cólera mais ou menos ativa das camadas superiores da sociedade. Foi sempre uma *vadiação* proibida, perseguida, e os negros que a ela se davam eram caçados nas ruas e escorraçados das cidades como desordeiros e malandros. Os pretextos variavam, mas o objetivo era sempre o mesmo. Todas as notícias históricas que conhecemos acerca da capoeira se referem a medidas de repressão tomadas pelas autoridades a fim de suprimi-la – e suprimir os capoeiras. Não houve, neste caso, transigência nem conciliação, nem, portanto, influências exteriores capazes de modificá-la ou suavizá-la, senão em aspectos secundários e superficiais. A capoeira continuou a ser uma das diversões mais queridas do negro de Angola, transformou-se na sua arma e, finalmente, se revelou a sua melhor maneira de se afirmar, individualmente, na sociedade – e de sobreviver.

Essa pertinácia valeu ao capoeira o respeito cauteloso dos instrumentos das classes superiores. Já no tempo dos vice-reis, no Rio de Janeiro, de acordo com Luís Edmundo, o capoeira constituía um problema: os quadrilheiros da Justiça o temiam. Logo depois da abdicação, o governo da Regência baixava uma portaria (1831) autorizando castigos corporais contra os capoeiras. Manuel Querino conta que, na Bahia, os capoeiras, de argola de ouro na orelha, foram arrebanhados de uma só vez e deportados para as linhas de frente do Paraguai, onde se destacaram por bravura. E, no Recife, segundo o testemunho de Pereira da Costa e de Valdemar de Oliveira, a polícia acabou, em começos do século XX, com os mais conhecidos, que saíam a provocar os rivais... O primeiro Código Penal da República também tomou conhecimento da capoeiragem, aplicando-lhe penas de prisão e desterro.

A repressão à capoeira se estendeu, sob os mesmos pretextos de vadiagem e desordem, ao batuque, forma subsidiária, mais bem representada na *pernada* carioca.

A essa obstinada campanha de eliminação empreendida pelo aparelho de repressão do Estado correspondeu, no mesmo grau, a audaz resistência dos capoeiras e dos batuqueiros. Ilegal, clandestina, a *vadiação* se tornou mais vigorosa, mais íntegra, menos passível de decomposição. Nesse caso, como em tantos outros, a sociedade lutava por esmagar elementos gerados pelas suas próprias contradições internas – e perdia a partida, principalmente por causa do caráter individual da atividade do capoeira.

A luta de Angola é uma diversão que propicia grande satisfação interior, que afaga a vaidade dos contendores, que os transforma em heróis perante os assistentes. Uma exaltação do indivíduo. A astúcia, a dissimulação, a ligeireza e, especialmente, a independência de movimentos do capoeira certamente se afinaram consideravelmente com a necessidade de escapar à brutalidade da reação estatal, e a constante vigilância, que era forçado a manter para ficar vivo, e fora da cadeia, deve ter dado nascimento à sua atitude de desafio, ao seu desempeno, ao seu hábito de conversar de largo, perscrutando as redondezas, sempre desconfiado dos circunstantes. Pode-se facilmente calcular como essa exaltação do indivíduo devia estar em oposição ao regime escravagista do Império. Daí o renome popular que cerca a figura já lendária de Besouro ou Mangangá, de Santo Amaro (Bahia), o mestre dos mestres da capoeira. O negro se afirmava, individualmente, contra a sociedade que o oprimia!

Os capoeiras, marginais da sociedade, nos transmitiram, quase como os receberam da sua terra de origem, a capoeira de Angola e o batuque e nos deram ainda alguma coisa de estritamente nacional – o *passo* pernambucano.

2

O caráter de afirmação pessoal, de arma de sobrevivência, que a capoeira assumiu no Rio de Janeiro e mais tarde no Recife, não chegou a se pronunciar na Bahia. Parece, mesmo, que a forma de capoeira ali existente, que não passa de uma diversão, de uma competição amistosa, está mais próxima das suas origens. A lentidão do ritmo do progresso na província, sem grandes comoções sociais, não modificou a situação relativa das classes, nem deu nova fisionomia à vida urbana. Ora, os capoeiras sempre foram numericamente poucos na Cidade do Salvador e nas zonas mais próximas do Recôncavo – e bem pouco incomodativos. Acontece, desse modo, que todos os que se exercitam na luta peculiar dos negros de Angola se conheçam e se estimem ou respeitem, sem motivo sério para desavença. Isso lhes dá, inegavelmente, certo ar de família. E, para completar o quadro, ao contrário do que sucedeu em outros pontos, os capoeiras da Bahia não são homens sem profissão, mas estivadores, carregadores, pescadores, que, nas horas vagas, e jamais em dias úteis, se reúnem para *vadiar*.

O capoeira, com a segurança que lhe dava a sua destreza de movimentos, era, no Rio de Janeiro e no Recife, o ancestral do *valentão*, seja aceitando, seja provocando briga nas ruas, isoladamente ou em bando, e às vezes a soldo de algum figurão ilustre. Não se pode dizer o mesmo do capoeira da Bahia. Este não pára à porta da venda para *escorar* os desafetos, nem faz praça da sua valentia. Pelo contrário, a *vadiação* na Bahia obedece a todo um ritual, exige uma orquestra de berimbaus e pandeiros e admite intervalos para descanso dos lutadores e proibições contra certos golpes. É, mais do que uma arma de luta individual, uma brincadeira coletiva. O capoeira baiano se diverte entre amigos.

Isso não impede que, como os seus companheiros em outros centros urbanos do país, e às vezes com as mesmas palavras, conte as suas extraordinárias proezas com certo chiste:

> Disseram à minha mulher
> que capoeira me venceu
> A mulher jurou pé firme
> como isso não se deu
>
> Era eu, era meu mano,
> era meu mano mais eu
> Meu mano alugou uma casa...
> Nem ele pagava, nem eu.

A orquestra – berimbau, ganzá (reco-reco) e pandeiro, no máximo – fica num ponto qualquer do círculo formado pelos espectadores e em que terá lugar a *vadiação*. O primeiro par de capoeiras se apresenta, tendo o cuidado de agachar-se junto e em frente à orquestra, enquanto o solista canta uma *chula*. Terminada a *chula* começa a competição, mas, antes de desferir qualquer golpe, é de praxe que os lutadores dêem uma volta pelo campo, em marche-marche, de cabeça baixa, e que o lutador que vai à frente seja o primeiro a golpear, para que a luta seja leal.

> Camarada, bota sentido!
> Capoeira vai te batê...

Muito raramente o capoeira usa as mãos no ataque ou na defesa, pois são poucos os golpes em que os membros superiores entram em contato direto com o adversário – o *golpe de pescoço* e o *dedo nos olhos*, este último proibido. Para poder manter-se à distância e defender-se a salvo das investidas do contendor, o capoeira se vale principalmente das pernas, seja em golpes já incorporados ao patrimônio coletivo nacional, como a *rasteira* e o *rabo d'arraia*, seja em golpes mais específicos das rodas de capoeira, como a *bananeira*, a *meia-lua*, a *tesoura*, a *chapa de pé* e a *chibata armada*.

Nesta forma de luta popular ganharam fama Samuel Querido de Deus, o estivador Maré, o "capitão" Aberrê (ABR, segundo a pronúncia baiana dos fonemas) e elementos mais moços, como Juvenal, Polu e Onça Preta.

3

Já o capoeira do Recife estava mais próximo do tipo carioca – era, como o descreveu Pereira da Costa, "o moleque de frente de música [...] com o chapéu na c'roa da cabeça, gingando, pulando, e brandindo o seu cacete".

O capoeira fez a sua aparição pública na capital pernambucana tomando partido por duas bandas de música rivais – a do Quarto (4º Batalhão de Artilharia) e a do Espanha (Guarda Nacional), assim chamado por ter por comandante um espanhol de nascimento – mais ou menos em 1856. Era como uma tropa de choque dessas bandas, que vinha adiante dos músicos, desafiando os adversários, em manobras de valentões. Por muito tempo essa tropa de choque continuou a sair impunemente, embora, à medida que passava o tempo, aumentasse a repressão policial, em especial a partir dos primeiros anos do século XX. Valdemar de Oliveira escreve: "Os valentões se multiplicavam pelas ruas do Recife, de cacete na mão, faca no cós esquerdo da calça – os de pé no chão; de bengalão de volta suspenso no braço, lambedeira de Pasmado na ilharga – os mestres mais acatados; de quiri de castão de quina e punhal de cabo de marfim na cava do colete – muito rapaz de boa família que gostava de ir, com Nicolau do Poço e Nascimento Grande, acabar pastoril só pelo gosto de acabar." Nessa ocasião, por obra e graça da polícia, desapareceram Valdevinos, João de Totó, Jovino dos Coelhos... Em 1911 ou 1912 saíam de cena os últimos capoeiras, no Recife.

Pereira da Costa informa que a diversão de Angola obedecia a certos preceitos e regras, coisa que, como vimos, acontece na Bahia, mas acrescenta que os capoeiras se valiam de "cacetes e facas" nas suas escaramuças com os bandos rivais e, mais tarde, com a polícia.

Eliminados, os capoeiras deixaram, atrás de si, a semente generosa do *passo*.

4

O *passo* pernambucano – a dança do frevo – nasceu das cabriolas e dos saracoteios que os capoeiras vinham fazendo, à frente dessas bandas de música, no Recife, como os clubes de hoje, os Pás, os Lenhadores, etc., vêm dos cordões que fechavam o acompanhamento dessas bandas, no Carnaval, em "manobras".

Herança dos capoeiras, o *passo* retém o caráter individualista – não há combinação, nem parceria, exceto ocasionalmente, na *chã de barriguinha* e na *chã de bundinha*, que já no nome (*chaîne*) evidenciam a influência da quadrilha, como acentuou Almirante. Os passos típicos do *passo* são de execução individual – o *parafuso* ou *saca-rolha*, o *corrupio*, a *tesoura*, a *dobradiça*... Valdemar de Oliveira lhe dá mesmo o qualificativo de dança "egocêntrica", a tal ponto se verifica a exaltação pessoal que já se mostra, embrionariamente, na capoeira: "bem se poderia dizer que não há *passo*, há passistas, porque cada um destes reage diferentemente ao excitante sonoro".

O *passo* é um exemplo de transformação da quantidade em qualidade – as acrobacias dos capoeiras, estendendo-se a camadas cada vez maiores da população, produziram um novo fenômeno, uma síntese, o "delírio coreográfico" a que se refere Áydano do Couto Ferraz.[1]

---

[1] Ver nota de Raul Lody no final do livro.

5

O batuque ou *pernada*, bem conhecido na Bahia e no Rio de Janeiro, não passa de uma forma complementar da capoeira. Exige mais atenção e concentração de esforços do que destreza e galhardia, mais eficiência do que encenação. Na Bahia, somente em arraiais do Recôncavo ainda se batuca, embora o bom capoeira também saiba *largar a perna*, mas, no Rio de Janeiro, já se dá o contrário – a preferência é pela *pernada*, que na verdade passou a ser o meio de defesa e ataque da gente do povo.

Quanto ao batuque da Bahia, escrevi, há muitos anos:

> A competição mobilizava um par de jogadores, de cada vez. Estes, dado o sinal, uniam as pernas firmemente, tendo o cuidado de resguardar os órgãos sexuais. Havia golpes como a *encruzilhada*, em que o atacante atirava as duas pernas contra as pernas do adversário, a *coxa lisa*, em que o jogador golpeava coxa contra coxa, acrescentando ao golpe uma *raspa*, e o *baú*, quando as coxas do atacante davam um forte solavanco nas do adversário, bem de frente. Todo o esforço dos jogadores concentrava-se em ficar de pé, sem cair. Se, perdendo o equilíbrio, tombasse, o jogador teria irremediavelmente perdido. Era comum, por isso, ficarem os batuqueiros em *banda solta*, equilibrados numa única perna, a outra no ar, tentando voltar à posição primitiva.

O batuque da Bahia se chama *batuque*, *batuque-boi*, *banda* e raramente *pernada* – nome que assumiu no Rio de Janeiro. Ficaram famosos, como mestres na arte de batucar, Angolinha, Fulô Labatu, Bexiga Braba, Marcolino Moura... A orquestra das rodas de batuque era a mesma das rodas de capoeira – pandeiro, ganzá (recoreco), berimbau.

O batuque, no Rio de Janeiro, se simplificou – não é uma brincadeira entre peritos, nem precisa de orquestra. O parceiro é escolhido por provocação. Este se *planta*, ou seja, une as pernas e se firma no chão, à espera da *pernada* do batuqueiro. Se, ao ser atingido, cai, o parceiro tem de ser substituído por outro. Se, entretanto, se mantiver de pé, o batuqueiro lhe cede a vez, *plantando-se* para receber-lhe o golpe. A *pernada*, desta maneira, "seleciona os melhores entre os mais ágeis, os mais atentos, os mais seguros no golpe – e nas pernas".

Se o capoeira, no Recife, deixou o *passo*, no Rio de Janeiro nos legou a *pernada*, um bem popular do carioca.

6

A provocação, o apelo a outras pessoas para que entrem na roda, faz parte integrante de todas essas diversões devidas ao negro de Angola. Exceto na capoeira da Bahia.

Pereira da Costa cita um desses desafios, notável sobretudo pela sua concisão:

> Cresceu,
> caiu!
> Partiu,
> morreu!

As rodas de capoeira, batuque e *pernada* são grupos abertos, não exclusivos, que com a provocação entram em contato com a população local.

A mais aberta das diversões de Angola, por mais fácil, é entretanto o samba, que, embora admita a provocação, com a *umbigada*, não tem laivo de agressividade. Foi o samba, certamente por isso mesmo, a diversão desses negros que mais se modificou, de região para região, numa riqueza de cambiantes insuperável.

Conclusões

Em suma, os argumentos sugeridos pela melhor compreensão dos fenômenos folclóricos e, secundariamente, os exemplos citados nos autorizam a concluir que

a) o folclore reflete, à sua maneira, as relações de produção criadas entre os homens e, em conseqüência, se modifica à medida que variam, na forma e na substância, essas relações;

b) esse processo é essencialmente dinâmico, dialético, produto de ações e reações recíprocas e simultâneas, e sobretudo permanentes, de maneira que o qualificativo de tradicional só pode ser aplicado às *formas* revestidas pelo folclore, já que o seu conteúdo se atualiza constantemente, por efeito dessas mesmas ações e reações;

c) por ser uma interpretação da sociedade e, por isso mesmo, um modo de influir sobre ela – uma atitude política –, o folclore tem implicações no futuro, como instrumento rudimentar de reivindicação social.

Tais são os postulados fundamentais para uma dinâmica do folclore.

(1950)

SEGUNDA PARTE
Folclore e ciências sociais

ANTROPOLOGIA E FOLCLORE

A velha pendenga entre antropologia e folclore talvez encontre solução feliz no Brasil, se os antropólogos se dispuserem a considerar a questão de boa vontade e sem preconceitos.

O estudo e a pesquisa de folclore no Brasil estão vivendo um instante de raro esplendor. Abre-se, no biênio 1961-62, a possibilidade de levantamentos folclóricos gerais nos estados do Ceará, do Rio Grande do Norte, do Paraná e de Santa Catarina. Um Instituto de Folclore está para nascer na Universidade, recém-criada, de Goiás. Cursos de extensão de folclore estão programados para o segundo semestre deste ano em estabelecimentos de nível superior de vários estados – Amazonas, Pará, Bahia, Minas Gerais, Goiás, Paraná, Santa Catarina e Guanabara. Cursos de maior duração, em São Paulo e na Bahia, de um e seis meses, respectivamente, ministrarão conhecimentos a grande número de alunos. Um curso regular, com mandato universitário, tempo integral, pesquisa ao fim do período letivo para a obtenção do diploma, será iniciado em 1962, no Rio de Janeiro. Três pesquisas, com objetivos diversos, serão levadas a cabo ainda este ano. E um organismo oficial, a Campanha de Defesa do Folclore Brasileiro, do Ministério da Educação e Cultura, está estimulando a documentação, a pesquisa e a divulgação do folclore por todos os meios ao seu alcance.

Tudo isso significa que especialistas e técnicos, em número cada vez mais significativo, serão treinados para as grandes tarefas de recenseamento, de documentação e de interpretação do folclore brasileiro. Pretendemos armá-los com as técnicas de pesquisa e análise das ciências. Mas, desde agora, já estamos solicitando a cooperação de antropólogos, sociólogos, lingüistas e humanistas em geral – em suma, franqueando o folclore a todos os homens de ciência que se disponham a ajudar a revelação de valores que são parte integrante e inalienável da cultura nacional.

São inúmeras, de parte dos folcloristas, as gestões no sentido de uma aproximação com os antropólogos. Entre os folcloristas, ao contrário do que acontece com os antropólogos, não há dúvida de que o folclore é uma flor silvestre que viceja no campo da antropologia. Falta apenas que os cientistas da cultura se disponham a, pelo menos, considerar, de coração aberto, as razões dos folcloristas.

Ao aceitar o papel de relator nesta discussão, proponho-me a falar com lealdade e franqueza sobre as relações entre antropologia e folclore – e entre antropólogos e folcloristas.

1

A primeira declaração coletiva dos folcloristas brasileiros – a Carta do Folclore, que consolida as resoluções do I Congresso de Folclore (1951) – já procurava estabelecer uma ligação entre o folclore e a antropologia:

> 1. O I Congresso Brasileiro de Folclore reconhece o estudo do Folclore como integrante das ciências antropológicas e culturais, condena o preconceito de só considerar folclórico o fato espiritual e aconselha o estudo da vida popular em toda a sua plenitude, quer no aspecto material, quer no aspecto espiritual.

2. Constituem o fato folclórico as maneiras de pensar, sentir e agir de um povo, preservadas pela tradição popular e pela imitação, e que não sejam diretamente influenciadas pelos círculos eruditos e instituições que se dedicam ou à renovação e conservação do patrimônio científico e artístico humano ou à fixação de uma orientação religiosa e filosófica.

3. São também reconhecidas como idôneas as observações levadas a efeito sobre a realidade folclórica, sem o fundamento tradicional, bastando que sejam respeitadas as características de fato de aceitação coletiva, anônimo ou não, e essencialmente popular.

4. Em face da natureza cultural das pesquisas folclóricas, exigindo que os fatos culturais sejam analisados mediante métodos próprios, aconselha-se, de preferência, o emprego dos métodos históricos e culturalistas no exame e análise do Folclore.

Tateava-se, então. Não obstante a resolução situar o folclore no campo das "ciências antropológicas e culturais", os métodos deveriam ser "históricos e culturalistas"... Pode-se pensar, quer numa associação da história e da antropologia, quer numa tardia recordação do método histórico-cultural, a essa época já ultrapassado. A vagueza da expressão caracteriza bem essa fase inicial. Estávamos no bom caminho, mas não sabíamos muito bem como palmilhá-lo.

No Congresso Internacional de Folclore, em São Paulo (1954), a questão foi tratada com seriedade científica por Oracy Nogueira, em proposta aprovada em comissão, mas relegada, em plenário, a discussão posterior:

> Considera-se fato folclórico toda maneira de sentir, pensar e agir, que constitua uma expressão da experiência peculiar de vida de qualquer coletividade humana, integrada numa sociedade civilizada.
>
> O fato folclórico caracteriza-se pela sua espontaneidade e pelo seu poder de motivação sobre os componentes da respectiva coletividade. A espontaneidade indica que o fato folclórico é um modo de sentir, pensar e agir, que os membros da coletividade exprimem, ou identificam como seu, sem que a isto sejam levados por influência direta de

instituições estabelecidas. O fato folclórico, contudo, pode resultar tanto de invenção quanto de difusão.

Por poder de motivação do fato folclórico se tem em vista que, sendo ele uma expressão da experiência peculiar de vida coletiva, é constantemente vivido e revivido pelos componentes desta, inspirando e orientando o seu comportamento.

Como expressão da experiência, o fato folclórico é sempre atual, isto é, encontra-se em constante reatualização. Portanto, sua concepção como sobrevivência, como anacronismo, ou vestígio de um passado mais ou menos remoto, reflete o etnocentrismo ou outro preconceito do observador estranho à coletividade, que o leva a reputar como mortos ou em via de desaparecimento os modos de sentir, pensar e agir desta.

Como expressão da experiência de vida peculiar da coletividade, o fato folclórico se contrapõe à moda como à arte, à ciência e à técnica eruditas modernas, ainda que estas lhe possam dar origem.

Mas, no III Congresso de Folclore, na Bahia (1957), começamos a regredir. Tales de Azevedo, relator da mesa-redonda de folclore e ciências sociais, não obstante pender para a limitação do folclore à literatura oral, tentou antes expor o problema do que resolvê-lo. E o expôs do modo pior para as relações entre o folclore e as ciências sociais – alinhando um sem-número de opiniões de antropólogos e sociólogos contra a admissão do folclore além do campo das humanidades. Em tom conciliatório Tales de Azevedo concluiu (*Sociologia*, agosto de 1957) que (1) a limitação do folclore à tradição oral não diminui, antes especifica, "de acordo com o seu objeto e o seu método", a natureza do folclore, e que (2), mesmo atribuindo ao folclore o estudo da cultura popular nas sociedades civilizadas, a interpretação e a integração dos dados colhidos "num corpo de teorias e relações hão de ser concluídas sob a égide da culturologia". Ainda nessa ocasião não sabíamos muito bem como proceder, mas, da discussão subseqüente, conseguimos retirar uma resolução que, mantendo a linha anterior, reconhece lugar ao folclore entre as ciências "socioculturais".

O cúmulo da desorientação dos folcloristas ocorreu mais tarde, por ocasião do IV Congresso de Folclore, em Porto Alegre (1959). De outro modo não teria sido possível aprovar uma absurda resolução que exige do folclorista um completo estudo de comunidade para dar "amostras" do folclore local...

Ora pecávamos por pouco, ora pecávamos por muito.

Desses pecados nos redimimos o ano passado, no Congresso Internacional de Buenos Aires, conseguindo que se aprovasse uma resolução que, na esteira das resoluções de 1951 e de 1954, configura o folclore como fenômeno cultural, "que precisa ser captado na sua realidade presente e na função social que exerce no tempo e no espaço".

Escrevi, então, que "com isso dávamos o golpe de graça nas identificações e classificações intermináveis", atribuindo ao folclore uma outra dimensão, como inseparável da vida cotidiana.

2

Os cientistas sociais não têm visto com bons olhos essa aproximação do folclore. Muitos motivos podem explicar a atitude desdenhosa que sociólogos e antropólogos, bons e maus, se permitem ante os estudiosos do popular:

a) A grande maioria dos nossos folcloristas ainda está no tempo do "curioso" e do "interessante". Mesmo entre aqueles que se dedicam ou se dedicaram à pesquisa, o fenômeno folclórico foi apenas identificado, mas não relacionado com os demais fenômenos culturais. É quase universal a tentativa de busca das origens, como se fazia outrora. E em geral o folclore constitui uma excelente oportunidade para um luxo de erudição que leva até mesmo os cientistas sociais, que deviam ser mais argutos na observação, à suposição de que o folclore pertence realmente ao campo da filologia, da história, da estética.

b) Sociólogos e antropólogos, por sua vez, encontram prazer em certas bobagens americanas sobre folclore. No dia em que, nessa matéria, aprenderem outra língua que não inglês – português, por exemplo –, verão que o folclore não se limita à literatura oral nem aos "aspectos intangíveis" da cultura.

c) Porque, evidentemente, os cientistas sociais não leram e não lêem os folcloristas. A insistência brasileira em que o folclore se insere naturalmente no campo das ciências sociais e culturais resulta da experiência cotidiana. Na Europa e nos Estados Unidos, os fenômenos folclóricos, especialmente os de execução coletiva, danças, autos e folguedos em geral, há muito alcançaram a sua forma definitiva – em muitos países escaparam às camadas populares e são executados por estudantes, atores e elementos de outras classes – mas no Brasil não se estabilizaram ainda. E o evolver desses fenômenos, agora na mira dos folcloristas, claramente indica a sua natureza cultural. A esse resultado chegaram os cientistas sociais que se decidiram a estudar aspectos do folclore brasileiro – Emílio Willems, Florestan Fernandes, Maria Isaura, Antonio Candido, Gioconda Mussolini e outros. Os cientistas sociais fizeram, do folclorista brasileiro, um estereótipo que, por não mais corresponder à realidade, deve ser abandonado.

Esses são alguns dos motivos pelos quais têm malogrado as tentativas de aproximação entre cientistas sociais e folcloristas. Há, de parte de todo e qualquer especialista, uma indisfarçável tendência a "fechar" o seu campo de estudo. Mas aqui o campo se estende a perder de vista, os recursos humanos são limitados e insuficientes, as técnicas de trabalho de uns e de outros são ainda em grande parte experimentais e, em conseqüência, não nos podemos gabar senão de um reconhecimento preliminar de fenômenos, de tendências, de processos, de conjunturas que o turbilhão da vida moderna vai complicando a cada dia que passa. Onde está a utilidade de continuar enfrentando, isoladamente, problemas afins?

3

Quando a antropologia já tinha buço, e se preparava para atingir a maioridade, nascia o folclore. As exigências do século deram primazia às ciências da cultura e da sociedade, relegando o folclore a uma existência quase clandestina, como menino deserdado na família das ciências sociais nascentes. A antropologia dava as razões teóricas para a dominação dos brancos sobre todo o mundo, a sociologia dava às classes superiores os instrumentos para manter em submissão as classes inferiores. E que dava o folclore? Lendas, trovas, romances, adivinhas, cantos, representações populares... O sentimento da unidade fundamental do homem em todos os continentes... Uma situação semelhante à de agora. Enquanto a antropologia se volta para os grandes problemas da mudança social, da migração rural-urbana, do comportamento das instituições sociais, o folclore mal se equilibra nas pernas ante o problema primário da simples identificação do conjunto de fenômenos com que tem de lidar – ou seja, se posso interpretar a atitude de sociólogos e antropólogos –, mal conhece a sua palhoça, mas já está de olho comprido sobre a chácara em que ela se encontra![1]

Mas os cientistas sociais não precisam temer a invasão do seu campo de estudo específico e particular pelos folcloristas. Até onde pode ir o folclore? Somente até a indicação de quais os fenômenos sociais e culturais a que se liga o fenômeno folclórico considerado e de como se estabelece essa ligação. Somente até a revelação do fenômeno folclórico como parte integrante e funcional da cultura local – isto é, com a individualidade própria que lhe dá a cultura local. Os folcloristas não desejam intrometer-se em problemas que lhes não competem. Mas, queiram ou não, folcloristas e cientistas sociais têm de viver sobre o mesmo terreno comum. Enquanto antropólogos e sociólogos enfrentam onças e caititus e rastreiam pa-

---

[1] Ver nota de Raul Lody no final do livro.

cas e macucos, os folcloristas, de corrupixel ao ombro, nada mais reivindicam senão o direito de caçar borboletas.

(1961)

A SOCIOLOGIA E AS "AMBIÇÕES" DO FOLCLORE

A pretexto de discutir as "ambições" do folclore a uma posição de autonomia entre as ciências, alguns sociólogos de São Paulo estão reabrindo um antigo debate, não com argumentos válidos, mas com aquele *wishful thinking* de que tanto falam os autores americanos da sua particular predileção.

O debate dessas "ambições" não está, naturalmente, encerrado – todas as contribuições à solução do problema serão bem-vindas – mas, naquele que agora se trava, há uma indisfarçável tendência a reduzir os folcloristas a meros coletores de um rico material que somente os sociólogos (eles mesmos, evidentemente) estariam em condições de interpretar.

A guerra de sutilezas desses sociólogos paulistas constitui, antes de tudo, um retrocesso em relação ao estudo do folclore, seja por considerá-lo, como se fazia ao tempo de Thoms, um ramo das *antiquités populaires*, limitando-o inteiramente à tradição oral, seja por subestimar o trabalho do folclorista, que como tal só teria habilitações para a "análise de identidades formais e temáticas" e para "investigações de intuitos classificatórios ou genéticos", seja por levantar o fantasma neolítico da "arqueocivilização" de Varagnac.

Não será demais recordar que, desde 1951, a Carta do Folclore Brasileiro reconheceu "o estudo do folclore como integrante das ciências antropológicas e culturais" e que o Congresso de Folclore da Bahia (1957) aprovou uma resolução que inclui o folclore no campo das ciências "socioculturais", ampliando, portanto, a formulação anterior.

Examinaremos aqui, em primeiro lugar, as opiniões de Florestan Fernandes, professor da Universidade de São Paulo – que parece ser o comandante desta nova investida contra o folclore –, à base de artigos que publicou em 1956-1957, agora incluídos no volume *A etnologia e a sociologia no Brasil* (Ed. Anhambi, 1958).

Teremos de examinar, também, as de Roger Bastide, ex-professor da Universidade de São Paulo, atualmente professor da Escola Prática de Altos Estudos de Paris, autor de algumas das melhores investigações sobre as religiões do negro brasileiro. Florestan Fernandes o aponta como reorientador dos estudos de folclore em São Paulo. A contribuição teórica de Roger Bastide – um único ensaio, pelo que sabemos – encabeça e batiza o seu novo livro, *Sociologia do folclore brasileiro* (Ed. Anhambi, 1959).

Um e outro são responsáveis pelos trabalhos de duas alunas, que obedeceram à sua orientação – trabalhos em que são constantes o desprezo pelo labor do folclorista e a segurança de que só a sociologia pode entender os fenômenos folclóricos em toda a sua plenitude.

Em geral, a atitude desses sociólogos pode ser qualificada de pedante, na acepção que a essa palavra dá o dicionário, pois na verdade faz prova do mais completo desconhecimento daquilo que pretende esclarecer.

* * *

Florestan Fernandes, que avocou a si a discussão teórica do assunto, nega ao folclore quaisquer títulos para candidatar-se a ciência.

Já no prefácio do seu livro observa que "continuamos a chamar de *folclore* um tipo de labor intelectual que, inclusive em Portugal, [...] vem sendo designado, com maior propriedade, como *etnografia*". Esse *quinau* nos folcloristas brasileiros tem a sua importância, pois o que deseja, com o seu ensaio sobre os estudos folclóricos, é mostrar que, "em outras circunstâncias, seriam desempenhadas por disciplinas como a psicologia social, a etnologia e a sociologia" as "funções cognitivas" que o folclore preenche, por omissão das outras.

Em 1944, confessa, compartilhava ele do ponto de vista de que o folclore é "menos uma ciência à parte, que um método de pesquisas", tendo chegado mais tarde, "graças ao estudo dos procedimentos interpretativos explorados por Stith Thompson, em particular", à conclusão de que o folclore constitui "uma disciplina humanística". E decide: "O folclore, como ponto de vista especial, só se justifica como disciplina humanística, na qual se poderão aproveitar os resultados das investigações científicas sobre o folclore ou técnicas e métodos científicos de levantamento e ordenação de materiais folclóricos." Linhas abaixo, talvez para escapar a esse báratro – uma disciplina não científica que aproveita investigações da ciência sobre o seu próprio campo de estudo e se vale de técnicas e métodos alheios para colher e ordenar o seu próprio material –, acrescenta que "o campo de trabalho do folclorista é simétrico ao dos especialistas no estudo das artes, da literatura e da filosofia", mas se enreda novamente, pois lhe parece "claro" que "as tarefas específicas do folclorista começam depois de constituídas as coleções de materiais folclóricos". Assim, absurdamente, a sua disciplina humanística nada tem a ver com o folclorista senão *após* a constituição de coleções folclóricas – certamente por alguma espécie de mágica de que não nos dá o segredo.

A referência a Stith Thompson é enganadora. Florestan Fernandes não o leu, antes andou respigando coisas no Dictionary of Folklore, Mythology and Legend... Pelo que se vê das 167 notas ao ensaio que estamos analisando, os únicos trabalhos estrangeiros que conhece sobre a matéria são, além deste, os de Lindgren e de Herskovits, que não são especialistas (o primeiro constitui capítulo de uma obra de sociologia de três autores, o segundo é um artigo de revista, que por sinal propõe o problema da disciplina humanística), a *Définition du Folklore* de Varagnac, o *Manuel* de Saintyves e um verbete de *La Grande Encyclopédie*.

Com uma bibliografia tão pobre, e tão interessada, Florestan Fernandes reduz o folclore às *antiquités populaires* de outrora, mas não tem clareza na ,sua concepção da disciplina humanística, que evidentemente digeriu mal. As "funções cognitivas" da realidade humana preenchidas no Brasil pelo folclore baralharam a argumentação, já de si não muito coerente, do professor paulista.

Com efeito, o sociólogo reconhece que os fenômenos folclóricos, como fenômenos da cultura, podem ser estudados como aspectos particulares da cultura de uma sociedade, "tanto pela sociologia cultural como pela antropologia". Já vimos que a Carta do Folclore, com o adendo aprovado no Congresso da Bahia, põe o estudo desses fenômenos no quadro das ciências "socioculturais". Florestan Fernandes não crê que o folclore possa examiná-los devidamente, pois a especificidade do folclore, como disciplina, "deriva de procedimentos de interpretação fundamentalmente opostos aos que são empregados nas ciências sociais" (os folcloristas, diz ele, precisam *abstrair* os elementos folclóricos dos contextos culturais e sociais de que são parte!), mas também não enxerga vantagem na improvisação de psicólogos, etnólogos e sociólogos em folcloristas, dado que o trabalho dos folcloristas exige "uma especialização e um treinamento prolongados". Linhas atrás, havia escrito: "O folclore oferece um campo ideal de investigação para os cientistas sociais. É que ele permite observar fenômenos que lançam enorme luz sobre o comportamento humano..." E, linhas adiante, escreveu que etnólogos e sociólogos deixam de lado "questões cruciais" que podem ser "enfrentadas e resolvidas" pelos folcloristas.

Em suma, temos (1) que os fenômenos folclóricos são fenômenos culturais – coisa que ninguém discute; (2) que o folclore, como disciplina, estuda esses fenômenos de modo diametralmente oposto ao das ciências sociais – corolário inevitável da concepção (americana) do folclore como tradição oral; (3) que a improvisação do cientista social em folclorista traz desvantagens – outro ponto em que não há discordâncias à vista. Entretanto, se no folclore se podem observar "fenômenos que lançam enorme luz sobre o comportamento humano", se são os folcloristas que devem estudar o folclore, se somente eles podem enfrentar e resolver "questões cruciais" nesse campo de estudo, pode-se continuar dizendo que o folclore é uma disciplina humanística – e não um ramo das ciências sociais? Todo esse tumulto se encontra num capítulo do ensaio de Florestan Fernandes em que o folclore deveria ser estudado "como esfera da cultura e como fenômeno social", o que o colocaria como objeto não de indagação humanística, mas de investigação antropológica e sociológica.

Não tem consistência, portanto, a concepção de disciplina humanística a que Florestan Fernandes diz ter chegado, mas que na verdade tomou de empréstimo a Herskovits e a alguns verbetes de enciclopédia.

Tendo reconhecido nos fenômenos folclóricos fenômenos culturais, admitiu, por omissão, que há pelo menos parte dos fenômenos culturais que são campo e objeto de estudo por parte dos folcloristas. Essa consideração, que não fala a favor da sua disciplina humanística, não está explícita nas 31 páginas do livro dedicadas ao assunto. O estudo científico do folclore, diz ele, não pode ser unificado, pois "cada ciência social investiga o folclore de um ponto de vista próprio", acrescentando, em outro ponto, que os estudos sociais "tomam por objeto a mesma realidade, mas de pontos de vista diferentes". Todo fenômeno social, é óbvio, pode ser estudado por qualquer das ciências sociais, mas estaremos fazendo sociologia se o encararmos do ponto de vista sociológico, antropologia se do ponto de vista antropológico, e folclore se do ponto de vista folclórico. Isso, que é claro como água, não ocorreu a Florestan Fernandes, que completa o seu raciocínio sobre a impossibilidade de unificação do estudo científico do folclore como que negando alguma coisa que ninguém disse – negando que possa caber ao folclore "reduzir os diferentes pontos de vista a um denominador comum". A prevalecer o critério, sem dúvida original, de que uma ciência só existe se consegue "unificar" os pontos de vista sobre o seu campo de estudo, será extremamente difícil considerar ciências distintas a antropologia e a sociologia, e não apenas o folclore.

Uma última observação, ligada à anterior, mostrará a desordem da lição *ex cathedra* que Florestan Fernandes pretende dar aos folcloristas. Escreve ele: "Ao contrário do folclorista, o psicólogo, o etnólogo, o sociólogo não estudam o folclore propriamente dito, mas a sua inserção e influência na organização da personalidade, da cultura e da sociedade. Se precisam, como o folclorista, formar coleções de materiais folclóricos, o fazem movidos por outras ambições intelectuais, e suas descrições devem reter aspectos das manifestações folclóricas que podem ser negligenciados pelos folcloristas, porque só são relevantes para a compreensão e a interpretação da dinâmica da personalidade, da cultura e da sociedade." Há, pois, nos fenômenos folclóricos, algo que os torna "relevantes" para o entendimento dos fenômenos estudados pela psicologia, pela etnologia e pela sociologia, além de serem, por si mesmos, fenômenos culturais. Se os cientistas sociais não estudam o folclore propriamente dito – e lembremos que no folclore se podem observar "fenômenos que lançam enorme luz sobre o comportamento humano" –, aqueles que o estudam, os folcloristas, trabalham no campo das humanidades ou no campo das ciências sociais? Se ao psicólogo, ao etnólogo e ao sociólogo movem outras ambições intelectuais, se eles apenas aproveitam *aspectos* dos fenômenos folclóricos (fenômenos culturais) que os folcloristas podem negligenciar, aspectos esses que só têm importância para as suas indagações particulares – entende-se forçosamente que há um campo de observação, dentro do campo mais vasto dos fenômenos culturais e sociais, que não lhes pertence. Esse é o campo do folclore.

Mal informado sobre os fenômenos folclóricos tanto quanto sobre a ciência que os estuda, Florestan Fernandes não pode arvorar-se em juiz das "ambições" do folclore.

* * *

Se Roger Bastide entra neste debate, deve-o a Florestan Fernandes, que o declara "o grande estimulador" de quase todos os estudos etnológicos e sociológicos do folclore em São Paulo e o "orientador" de um dos trabalhos de pesquisa que comentaremos adiante.

O professor francês recua ainda além das *antiquités populaires*, pois aderiu à teoria da "arqueocivilização" de Varagnac, que transforma o folclore em algo que nos vem diretamente da época neolítica...

Em prefácio a livro recente, que – apesar dessa abordagem pré-histórica – se chama *Sociologia do folclore brasileiro*, Roger Bastide limita-se a dizer, acerca das questões que estamos discutindo, que teve a intenção de mostrar "o perigo de encerrar o folclore numa antropologia não sociológica", propondo uma integração do antigo ponto de vista histórico ao ponto de vista culturalista – sugestão de Herskovits, cuja incapacidade de entender a realidade própria da cultura está tão bem documentada por Leslie White. O ensaio que dá nome ao livro, e que lá está provavelmente porque deveria ser uma demonstração das vantagens da aplicação da sociologia ao folclore, está mal concebido e realizado, além de mal traduzido, parecendo até que o velho amigo do Brasil se fartou de escrevê-lo e suspendeu abruptamente o trabalho no ponto em que estava. (De acordo com Florestan Fernandes, o ensaio foi publicado, parceladamente, na imprensa paulista, em 1940-1950, constituindo uma série de onze artigos. A publicação em livro estará, pois, incompleta). São 31 páginas que se lêem de sobrecenho carregado, duvidando do que se lê, tais as inexatidões dos dados primários e a falta de base das conclusões e das interpretações, que se podem qualificar de parciais, tanto porque se referem a uma parte do problema, como porque são torcidas para servir a um ponto de vista que o leitor ganhará um doce se efetivamente entender. Somente a frase inicial, que na verdade não contém novidade alguma, se salva: "O folclore só é compreensível quando incorporado à vida da comunidade." Já no prefácio escrevera Roger Bastide: "O folclore não flutua no ar, só existe encarnado numa sociedade, e estudá-lo sem levar em conta essa sociedade é condenar-se a apreender-lhe apenas a superfície." Essa descoberta da pólvora parece ser, afinal, toda a *sociologia* do folclore.[1]

Tanto Roger Bastide como Florestan Fernandes parecem acreditar que o folclorista nada mais tem a fazer além da "análise temático-formal" do material que coletou ou que estuda. Isso prova, pelo menos, com que ligeireza andaram lendo os tratados de folclore, pois há muito que os folcloristas estendem as suas indagações às relações do folclórico com o cultural e o social. Se concordam nisso, e no seu desconhecimento da evolução que os estudos de folclore estão tendo no Brasil, especialmente a partir da criação da Comissão Nacional de Folclore em 1947, não concordam em outros pontos. Florestan Fernandes nada tem a ver com a teoria de Varagnac. Europeu, Roger Bastide não aceita a limitação (americana) do folclore à tradição oral. Enquanto Florestan Fernandes qualifica de "demasiado ampla" a tendência a considerar toda a cultura popular como o campo do folclore, Roger Bastide declara, peremptoriamente, que "o folclore é a cultura inteira do *folk*".

Custa a crer que a Roger Bastide caiba o título de reformador do folclore no sentido da etnologia e da sociologia, pois, colocando-se do ponto de vista da "arqueocivilização", o mestre francês, por mais que se queira, não faz sociologia ou etnologia, mas história.

* * *

Sob a orientação direta ou indireta dos dois mestres, Maria Isaura Pereira de Queiroz e Lavínia Costa Raymond (Lavínia Vilela), que se contam entre as suas melhores alunas*, realizaram pesquisas – digamos, *sociológicas* – de folclore. Os resultados obtidos confirmam que é mais fácil construir uma teoria do que trabalhar com ela.

---

1 Ver nota de Raul Lody no final do livro.
* Em artigo que, a propósito deste, publicou na *Revista Brasiliense*, de julho-agosto de 1959, Florestan Fernandes esclareceu que Lavínia Raymond foi sua professora, como assistente de Roger Bastide, e não aluna.

Maria Isaura, assistente da Universidade de São Paulo, uma das nossas mais inteligentes pesquisadoras de problemas sociais, fez a sua pesquisa na Bahia (*Sociologia e folclore – a dança de S. Gonçalo num povoado baiano*, Liv. Progresso Ed., 1958). Embora demonstre o mesmo desprezo de Florestan Fernandes pelos cultores da "disciplina humanística" – "coleção e descrição de dados, classificação, filiação constituem as principais diretrizes que orientam nossos folcloristas..." –, nada há que distinga a sua pesquisa, como tal, da pesquisa costumeira de folclore. A sociologia do título só se faz presente na introdução e nas "reflexões" do último capítulo. E, como veremos, sem propósito.

Julga Maria Isaura haver realizado um estudo *sociológico* por ter descoberto uma ligação do exemplo da dança-de-São-Gonçalo que estudou num arraial de Jeremoabo com a cultura que chama de *rústica*, em que a dança preencheria determinadas funções de coesão grupal. Toda e qualquer dança, como se sabe há séculos – muito antes de se falar em sociologia – preenche tais funções. E a sua descoberta resume-se à afirmativa de que a dança "faz parte" dessa cultura. Afora isso, indica, sumariamente, a necessidade de estudar (1) as funções desempenhadas pelos elementos folclóricos na comunidade, como se esse estudo já não estivesse nas preocupações dos folcloristas, e (2) as "transformações" desses elementos. Quanto a essas "transformações", escreve Maria Isaura que os folcloristas não lhes têm dado a importância que dão à pesquisa das origens. Nesse ponto se contradiz, pois a "classificação" empreendida pelos folcloristas necessariamente tem de levar em conta essas "transformações". E então recorda que Geraldo Brandão, estudando um exemplo paulista, filiou a dança-de-São-Gonçalo em parte à cultura portuguesa, em parte à cultura indígena – uma "transformação", portanto – para dizer apenas que "o mesmo não se dá na Bahia"... Em toda a parte propriamente de pesquisa do livro, Maria Isaura não tentou outra coisa senão "coleção e descrição de dados, classificação, filiação", e se pautou pelas "principais diretrizes" a que obedecem os folcloristas.

Entretanto, apesar de toda essa ausência da sociologia, Maria Isaura – que confessa estar seguindo os passos de Florestan Fernandes, "talvez o primeiro autor brasileiro que utilizou a sociologia como um método adequado ao estudo do folclore" – declara, em conclusão, (1) que "há lugar, no folclore, para o emprego do método sociológico", (2) que a sociologia é "um instrumento de trabalho muito útil ao folclorista" e (3) que "o emprego da sociologia não visa a substituir as outras abordagens, também muito necessárias; ela se ocupa de um setor que os outros pontos de vista não encaram e concorre, juntamente com eles, para dar uma visão mais ampla, mais clara e mais completa do fenômeno folclórico". A diplomacia dessas conclusões não obscurece o fato de que, tendo realizado uma pesquisa típica de folclore, Maria Isaura perdeu a oportunidade de demonstrar, na prática, a teoria.

O toque sociológico, aparentemente, seria analisar o elemento folclórico no quadro da comunidade em que vive, e em função dela, mas isso, que não é privilégio da sociologia, é o que deve acontecer sempre que se faz uma pesquisa limitada, local, como a de Maria Isaura sobre a dança-de-São-Gonçalo no povoado de 150 casas e 800 habitantes de Santa Brígida.

Se Maria Isaura fez uma pesquisa de folclore, Lavínia Raymond fez apenas a pesquisa a que Renato Almeida chama "de-fim-de-semana" para compor a sua tese (*Algumas danças populares no estado de São Paulo*, Boletim nº 191 da Faculdade de Filosofia da Universidade de São Paulo, 1958): andou vendo, uma ou duas vezes, apresentações públicas (algumas delas combinadas de antemão) de batuque, de congada, de moçambique e de jongo, e registrou tudo o que viu e ouviu nessas ocasiões. Que os sociólogos respondam – bastarão pesquisas tão ligeiras para a elaboração de estudos sociológicos?

A autora não tinha nenhuma experiência em folclore. Numa tese que se propunha a estudar as danças afro-brasileiras, constitui um erro imperdoável a inclusão do moçambique, na forma existente em São Paulo. O moçambique antigo, de que não temos uma descrição pormenorizada, talvez fosse africano, mas o atual descende da *danse des épées*, das *Morris dances* (*stick* e *sword dances*), das danças de bastões e de espadas de quase toda a Europa, do lado de cá dos Balcãs. Essa dança, que em São Paulo se chama moçambique, teve e tem os mais diversos nomes na grande área – Pará a Santa Catarina – em que se registra. Lavínia Raymond, entretanto, descobre que o moçambique "já não é dança de pretos"... Nem ao menos identificou o *paiá*, tão característico do moçambique, na "faixa de couro com guizos" que um dos brincantes trazia ao tornozelo. E os cucumbis (folguedo independente, que tem parentes vivos nos caiapós e nos cabocolinhos) passaram a fazer parte da congada.

No prefácio que escreveu para este livro – a que deu, segundo a autora, "orientação segura e dedicada" – Roger Bastide o proclama "a primeira interpretação sociológica do folclore negro no Brasil". Os problemas que se propôs Lavínia Raymond diziam respeito à "persistência" das danças afro-brasileiras. Já vimos que o moçambique nada tem de afro-brasileiro – exceto, talvez, os brincantes. Quanto à congada, o certo seria considerá-la auto ou representação popular, mas talvez Lavínia Raymond tenha acompanhado Mário de Andrade, que a considerava "dança dramática". A fim de avaliar que condições permitem a sua continuidade e que resulta para os grupos que os praticam, Lavínia Raymond observou os quatro folguedos, "não apenas em seu conteúdo e forma como fatos folclóricos", coisa que na realidade não aconteceu, "mas como parte de certo conteúdo social, em certa comunidade, em certa época".

Que fruto deu, afinal, o estudo *sociológico* do folclore? Lavínia Raymond, no curso do seu trabalho, encontrou um problema realmente sociológico – por que essas danças são hoje muito mais urbanas que rurais? –, mas nem sequer esboçou uma tentativa de solucioná-lo. Em vez disso, a autora estabelece uma gradação entre os três pontos de São Paulo em que presenciou os folguedos, de acordo com um conceito de Redfield, e em seguida faz "um balanço rico em sugestões", que são as seguintes:

(1) A análise da dança e dos grupos nela interessados permite desvendar a "estrutura social" desses grupos. Deixemos passar esse truísmo. Exemplificando com o batuque, nele descobre "traços da estrutura social africana", "traços da submissão do escravo ao senhor"...

(2) Decompondo os elementos da congada, diz ela que "o costume da coroação dos reis do Congo lembra a estrutura política africana"; que o cortejo dos cucumbis (que já vimos nada ter com a congada, mas com os caiapós de São Paulo e Minas e os cabocolinhos do Nordeste) "como que reflete a descendência matrilinear e o caráter sagrado da pessoa dos reis e príncipes"; que o episódio da rainha Jinga "confirma a descendência matrilinear no Congo e reflete o costume das embaixadas, as lutas com tribos inimigas e o poder do médico feiticeiro"...

(3) No passado, as danças afro-brasileiras eram "meio de vibração intelectual e sentimental"...

(4) Comparando a riqueza antiga "de vestuários, de textos, de coreografia", com a pobreza atual dos folguedos – ou seja, dos exemplos que viu, pois nem sempre se verifica esse empobrecimento – "tem-se o sentimento muito nítido duma quebra de quadros estruturais".

(5) "Se a função social da dança afro-brasileira foi, de um lado, favorecer a aculturação e assimilação dos elementos africanos importados para o Brasil" (sabemos que isso não foi uma *função* da dança, mas um resultado da sua função social) "e, de outro, manter a coesão dos grupos de cor, hoje essa dupla função varia em extensão e em conteúdo".

(6) Dada a diferença de situações sociais, "cada dança... traz uma função particular".

A tão extrema vagueza – que nos dispensamos de comentar – se resume o estudo *sociológico* do folclore,

Maria Isaura fez uma pesquisa de folclore – por sinal uma boa pesquisa de folclore – a que ajuntou uma discussão inoportuna sobre as vantagens do estudo *sociológico* do folclore. Quanto a Lavínia Raymond, pode-se garantir que um folclorista teria tratado melhor – e com maior conhecimento de causa – os problemas suscitados pela "persistência" das danças afro-brasileiras.

* * *

Afinal, esses sociólogos de São Paulo provam, na teoria e na prática, que, para demolir as "ambições" do folclore[1], não basta desejá-lo. Sem o domínio da fenomenologia e das técnicas de abordagem do folclore – ou seja, sem qualificações para discutir o assunto – a sua intervenção não pode significar outra coisa senão a tentativa de chamar para si os lauréis de uma maneira de entender a realidade humana que, no seu desenvolvimento no Brasil, nada lhes deve. Para consegui-lo, não se cansam de, torcendo a verdade, datar os estudos científicos de folclore do estabelecimento dos cursos de ciências sociais em São Paulo e vão até a inconseqüência e o absurdo – para citar Roger Bastide – de tentar "esclarecer uma ciência pela outra".

As ambições desses sociólogos não chegam para destruir as "ambições" do folclore.

(1959)

Comunidade, *folk culture* e folclore

O louvável interesse de relacionar o folclore com a sociedade em que se verifica levou o Congresso de Folclore de Porto Alegre a tomar a decisão infeliz de recomendar "estudos de comunidade" nas pesquisas a empreender e de singularizar "as manifestações de cultura de *folk*" como matéria preferencial de observação, registro e interpretação por parte dos folcloristas.

---

1 Ver nota de Raul Lody no final do livro.

Tentando orientar desse modo as pesquisas de folclore, o Congresso invadiu o campo mais geral da antropologia, reinstalando uma confusão que parecia ter se esclarecido desde 1951, e, sob a alegação de fomentar as boas relações entre os cultores das ciências sociais, praticamente propôs a auto-anulação do folclorista, ao indicar, como objetivo deste, "o estudo mais completo e integral do homem brasileiro nas *diferentes* manifestações de sua cultura".

Essa ampliação injustificável das fronteiras do folclore se faz à custa do total desconhecimento de conceitos – por sinal muito em voga – da antropologia, na hora exata em que o folclore trava batalhas decisivas por se fazer reconhecer como uma das ciências sociais.

* * *

A expressão "estudo de comunidade", que tantas vezes ocorre na resolução do Congresso, refere-se ao estudo de uma sociedade particular – de uma cidade, de um município, de uma região, por exemplo – como parte da sociedade geral. Nos últimos trinta anos, lembra Emílio Willems, a antropologia alargou o seu campo de trabalho a fim de abranger, além das comunidades "primitivas", de indígenas da América e de aborígenes da Ásia e da África, outras comunidades "que até então pareciam reservadas à sociologia". As comunidades "civilizadas" entravam, assim, no campo de observação da antropologia. E, com efeito, o estudo de comunidade está afeto à antropologia social, área do conhecimento científico em que se confundem os limites da antropologia e da sociologia. Embora, teoricamente, o estudo de comunidade possa ter por centro de interesse o folclore, a experiência tem demonstrado que o antropólogo examina todo o universo da comunidade de preferência para captar processos sociais e culturais que, pela sua simplicidade local, são uma réplica mais inteligível do que acontece em sociedades mais complexas.

Limitemo-nos à bibliografia brasileira, mais à mão.

Autor de um desses estudos (*Cunha*), Willems declara ter utilizado a cultura caipira como "o pano de fundo" do problema a que realmente se dedicava, o da mudança cultural. Charles Wagley e Eduardo Galvão, com os seus trabalhos sobre a comunidade a que deram o nome de Itá, dão-nos um exemplo melhor. Wagley (*Amazon Town*) fez o estudo "de uma cultura, do estilo de vida criado pelo homem no vale amazônico do Brasil", enquanto Galvão (*Santos e Visagens*), que se interessou pela vida religiosa do caboclo (santos católicos, bichos visagentos, pajelança, etc.), rejeita a maioria dos estudos existentes sobre a matéria, "orientada por um interesse aparentemente folclórico", e afirma que, ao interpretar os dados da pesquisa, a sua preocupação foi não tanto "o aspecto psicológico ou a gênese folclórica de crenças e atitudes, porém a sua função social", o seu condicionamento por fatores socioeconômicos peculiares a Itá e à região. Os estudos de comunidade empreendidos por Oracy Nogueira (*Itapetininga*), Donald Pierson (*Cruz das Almas*), Frank Goldman e Aziz Simão (*Itanhaém*), entre outros, confirmam a regra de que essas pesquisas de antropologia social visam ao entendimento do estilo de vida local – um progresso sobre as *monografias* de outrora – ou utilizam a comunidade como laboratório de análise de processos culturais e sociais de interesse geral.

A resolução do Congresso declara que os estudos de comunidade permitem "o conhecimento das manifestações folclóricas em sua totalidade, dentro do contexto da sociedade em que aparecem", mas logo reduz tão larga perspectiva, acentuando que servirão "para revelar, através de amostras, o folclore de uma região cultural". Poucos, pouquíssimos serão os folcloristas que se dêem por satisfeitos com simples *amostras*. Terá utilidade estudar toda a estrutura de uma comunidade, empregando recursos de outras ciências sociais, a fim de entender as manifestações folclóricas "dentro do contexto da sociedade", para, afinal, trazer apenas algumas *amostras* que o revelem?

* * *

Entre *folk culture* e folclore só há uma semelhança – o substantivo adjetivado *folk* com que começam as duas expressões.

Com efeito, cultura de *folk* não supõe necessariamente o folclore. Trata-se de um tipo de cultura em que a participação dos indivíduos assume aspecto peculiar. Já em 1936 Ralph Linton (*O homem: uma introdução à antropologia*) arrumava os elementos da participação individual na cultura em três categorias principais, chamadas Universais, Especialidades e Alternativas, que me permito lembrar aqui como se identificam: Universais, "os elementos culturais – as idéias, hábitos e respostas emocionais condicionadas – os quais são *comuns* a todos os membros adultos normais da sociedade"; Especialidades, "os elementos culturais compartilhados pelos membros de certas categorias socialmente reconhecidas de indivíduos, mas não compartilhados pela população total", ou seja, as profissões e ocupações; Alternativas, "diferentes reações às mesmas situações ou diferentes técnicas para alcançar os mesmos fins", de que podem ser exemplo, na sociedade civilizada, "a utilização de cavalos, bicicletas, estradas de ferro, automóveis, aeroplanos, para o mesmo fim de transporte; nossas variadas técnicas de ensino; ou nossa larga variedade de crenças e atitudes em relação ao sobrenatural". Linton estabeleceu que, nas culturas de *folk*, o núcleo dos Universais e das Especialidades "quase que constitui o todo", enquanto, nas civilizações modernas, a zona fluida das Alternativas responde por boa proporção dele.

Se recorrermos ao conhecido ensaio de Robert Redfield, *The Folk Culture of Yucatan* (traduzido no Brasil como *Civilização e cultura de* folk) – que, à base de pesquisa em quatro comunidades iucateques, assinala o escalonamento (*gradient*) entre a cultura de *folk* e aquilo que chamamos civilização –, poderemos extrair dele a definição de cultura de *folk* como uma sociedade homogênea, capaz de ser descrita "em termos de um só corpo organizado de entendimentos convencionais".

Isso significa que a cultura de *folk* pode ou não incluir o folclore, mas, em qualquer caso, compreende também outros elementos culturais que transcendem desse campo particular.

* * *

Com essa barafunda de conceitos mal compreendidos, a resolução do Congresso parece eleger, como núcleos legítimos de folclore, apenas os minúsculos agregados humanos fora de mão. Se não, pode-se imaginar um folclorista a realizar estudo de comunidade em Moscou, em Nova York, em São Paulo, para poder apresentar, "na sua totalidade, dentro do contexto da sociedade", os elementos folclóricos que tenha pesquisado?*

Parece improvável que se tenha meditado bem antes de adotar uma resolução tão extraordinária, que despreza todos os avanços já obtidos no estudo científico do folclore.[1]

Quem ler o documento de Porto Alegre pode perguntar-se, aliás, para que, afinal, toda essa exibição de terminologia científica, mesmo mal empregada como está, pois a segunda parte da resolução propõe entendimentos com vários órgãos públicos e privados para fazer exatamente o contrário do que se sugere no começo –

---

* A resolução do Congresso, tomada na mesa-redonda sobre pesquisas folclóricas, sugere, na parte aqui examinada, "que [se] utilize o processo de estudo de comunidade, o qual, sendo cientificamente mais completo, permite o conhecimento das manifestações folclóricas em sua totalidade, dentro do contexto da sociedade em que aparecem, inclusive para revelar, através de amostras, o folclore de uma região cultural;

"que [se] utilize o processo de estudo de comunidade, o qual, sendo cientificamente mais completo, permite o conhecimento das manifestações folclóricas em sua totalidade, dentro do contexto da sociedade em que aparecem, inclusive para revelar, através de amostras, o folclore de uma região cultural;

"que nestes estudos de comunidade, utilizando os mesmos métodos e técnicas das ciências sociais (observação participante, entrevistas, questionários, etc.), sejam observadas, registradas e interpretadas, especificamente, as manifestações de cultura de *folk*, sem prejuízo de outros aspectos da vida social que possam ser estudados pela antropologia, pela sociologia, pela etnologia ou por outras ciências sociais; [...]

"que, tendo em vista o estado atual das ciências sociais no Brasil, se intensifiquem os estudos interdisciplinares, estabelecendo-se um recíproco sistema de cooperação entre folcloristas, antropólogos, sociólogos, etnólogos, etc., no sentido do estudo mais completo e integral do homem brasileiro nas diferentes manifestações de sua cultura".

1 Ver nota de Raul Lody no final do livro.

para levantar, em pesquisas "de amplitude nacional", o folclore da cachaça, do café, do açúcar, do mate, do cacau e do trigo...

Estavam nublados os horizontes do Rio Grande em julho de 1959.

(*1960*)

MAIORIDADE DO FOLCLORE

Uma nova oportunidade de definição parece abrir-se ao folclore com o Congresso Internacional de Buenos Aires (1960).

Desde que o velho Thoms cunhou a palavra, há 114 anos, o mundo científico se acostumou a encarar o folclore como um conhecimento que não chegava a ultrapassar a fronteira das humanidades – e, portanto, ficava fora das preocupações da ciência. Relendo a famosa carta ao *Atheneum*, ver-se-á que o signatário tinha em mente "quanto existe de curioso e interessante" em costumes, cerimônias, romances, crenças e superstições dos tempos antigos, "agora inteiramente perdidos", e "quanto se poderia ainda salvar" – "algumas recordações dos tempos antigos, uma lembrança de qualquer uso atualmente esquecido, de alguma tradição regional, de algum fragmento de balada..." As ciências do homem estavam, então, dominadas pela história. Thoms, no limiar de um mundo desconhecido, não foi capaz de divisar todo o panorama que descortinava. Mas, após a publicação da *Antropologia* de Tylor (1871), como explicar que Haggerty-Krappe, na Inglaterra, e Herskovits, nos Estados Unidos, por exemplo, se tenham contentado com a repetição do "cuco, cerejeira"?

Os folcloristas brasileiros tentaram passar adiante e, precedidos pela grande insinuação de Ruth Benedict, que via no folclore "um fenômeno social", individualizado no processo da sua incorporação à cultura local, reconheceram, na Carta do Folclore Brasileiro (1951), o estudo do folclore como integrante das ciências antropológicas e culturais. Mas, em 1954, com o Congresso Internacional de São Paulo, a aceitação geral do ponto de vista brasileiro foi torpedeada, à última hora, com o adiamento da discussão para ocasião "oportuna". A despeito desse revés, ampliamos, em mesa-redonda realizada na Bahia (1957), a formulação anterior, dando a moldura sociocultural ao folclore.

Mais uma vez poderemos levar, a um Congresso Internacional, a concepção do folclore como fenômeno cultural. Que significa essa nova posição? Não, certamente, que o folclorista precise tornar-se sociólogo ou antropólogo para que as suas investigações satisfaçam os requisitos da ciência. Na perspectiva sociocultural, os fenômenos folclóricos serão estudados como fatos *atuais*, pois sem atualidade o fenômeno será histórico, e não folclórico – no ambiente físico e cultural próprio, nos estímulos que recebem e que transmitem, nas suas constantes comunicações com os demais fenômenos sociais e culturais que lhes dão, em definitivo, a fisionomia que os singulariza, a despeito de semelhanças formais, no tempo e no espaço. Ou seja, na sua dinâmica e na sua vivência.

Thoms, antiquário, associou o folclore às *antiguidades populares*. Essa associação permanece, sob muitas formas, em diversas concepções do folclore. Precisamos romper com a literatura, com a história, em alguns casos com a arqueologia, e encarar o folclore como expressão de um comportamento cultural a que, dada a sua especificidade, somente a ciência do folclore pode dar o tratamento adequado.

Chegou a hora de reconhecer a maioridade do folclore.

(*1960*)

O FOLCLORE DO COTIDIANO

Estamos abusando da palavra *pesquisa* em relação ao folclore brasileiro. A bibliografia nacional de folclore constitui-se, em boa parte, de simples informação, e de informação pessoal, muitas vezes incompleta e vaga, e nem sempre muito correta. Dela teremos de excluir, desde logo, os *estudos* de folclore, trabalhos de gabinete, de consulta à bibliografia existente, e as crônicas e as memórias com que ainda se deliciam certos saudosistas. Mesmo considerando o rico material coletado em Alagoas, em São Paulo, no Paraná e em Santa Catarina, podemos dizer que não há um único ensaio brasileiro que possa enquadrar-se na categoria de pesquisa.

Em português *pesquisa* quer dizer busca, indagação, investigação, e qualquer trabalho que exija tais coisas pode ser uma pesquisa. Mas, no ponto a que chegou a experiência brasileira nesse campo, impõe-se maior precisão no uso do termo. Todo esforço de conhecimento do folclore, e em especial o trabalho de campo, requer busca, indagação, investigação, mas esses elementos, por si sós, não bastam para caracterizar a pesquisa.

Em geral os nossos folcloristas interessam-se apenas por estudar os fenômenos em si, sem tentar estudá-los, se e quando o podem fazer, nas suas relações com outros fenômenos sociais e culturais. Essa preferência (ou essa limitação) faz com que, ainda agora, precisemos de lutar por elevar o folclore do campo das humanidades para o das ciências: folclore continua a ser algo de "curioso" e de "interessante", como ao tempo de Thoms, atraindo os literatos e repelindo os cientistas.

Tem-se tentado reagir, mas sem muito êxito. Do temário do Congresso de Folclore de Porto Alegre (1959), constava um adiantamento – a discussão da alternativa de pesquisa (deixemos passar a palavra) por gênero ou por área. Em síntese, podemos dizer que, se decidimos estudar apenas o bumba-meu-boi, por exemplo, teremos a pesquisa por gênero; se, porém, examinamos, sem fazer da questão do gênero o objetivo principal desse exame, os vários elementos folclóricos de determinada região – digamos, o vale do Cariri –, teremos a pesquisa por área. Mas que diferença faz investigar os fenômenos folclóricos, simplesmente, sem outra qualificação, por gênero ou por área? Em ambos os casos teremos apenas uma *identificação* deles, ou pouco mais. Se dizemos que a folia-de-Reis, o moçambique ou os cabocolinhos se constituem de tantos e tantos figurantes, que se vestem desta ou daquela maneira, tocam (ou não) tais e quais instrumentos e executam (ou não) manobras assim ou assado, estamos apenas preenchendo a *ficha de identidade* desses folguedos populares. Se anotamos catopês, marujada e cavalhada em Montes Claros, estaremos, porventura, fazendo mais do que acrescentar, à ficha, um endereço?

A identificação dos fenômenos constitui a etapa inicial, necessária, em qualquer tipo de estudo científico. Em folclore essa identificação se faz por *coleta* ou por *levantamento* – no primeiro caso, a indagação em âmbito limitado; no segundo, uma relação exaustiva dos gêneros folclóricos vivos numa cidade, numa região, num país. Será isso pesquisa? Quando o antropólogo físico anota a cor da íris, os ângulos faciais, a estatura, os índices cranianos dos pacientes não está ainda fazendo antropologia, mas constatando fatos que interessam, para elaboração ulterior, à sua ciência. A descrição de um espécime em todos os seus pormenores certamente serve às ciências naturais como ponto de partida, mas não como alvo, das suas indagações particulares. Nem os números frios dos recenseamentos são mais do que *material* para trabalhos interpretativos de mais alto nível. Não obstante a significação e a oportunidade inegáveis de todas as fases do labor científico, somente algumas delas trazem o nome de *pesquisa*.

Os trabalhos de base, como aqueles a que impropriamente chamamos pesquisa, exigem busca, indagação, investigação, além de uma técnica ou pelo menos de um prévio conhecimento especializado. Mas não se admite que um conhecimento de tipo ambicioso, como o folclore, se detenha, satisfeito, de barriga cheia, nessa fase primária, e até mesmo rudimentar, do esforço científico. O trabalho de folclore deve passar, da fenomenologia, para a *correlação de fatos* que levará a busca a plano superior. Seja qual for a nossa orientação, por gênero ou por área, devemos visar ao entendimento dos fenômenos folclóricos no seu hábitat natural, na sua realidade, na sua função social, como parte integrante da vida cotidiana das coletividades em que se produzem.

Ora, isso envolve a concepção do folclore, não como sobrevivência, não como tradição, não como eco do passado, mas como fenômeno social e cultural *vivo*, atual, capaz de nascimento, desenvolvimento e morte. Em mais de um século o estudo isolado dos fenômenos quase obscureceu o fato de que o folclore é antes de tudo uma *vivência* das camadas populares nas sociedades civilizadas. Onde captá-la melhor, senão na rotina cotidiana?

Folclore não é a dança, a renda, a trova, a adivinha, o ex-voto, a chegança ou a cavalhada, mas tudo isso, todos esses elementos ao mesmo tempo – uma ambiência própria, específica, em que os modos de ser do povo se exprimem. E essa ambiência, longe de estar segregada da sociedade, está entretecida nela. Isolar, da sociedade e da cultura, os elementos folclóricos equivale a reduzi-los, por mais pomposas que sejam a argumentação e a terminologia empregadas, a antigualhas de valor discutível. Para entender o folclore precisamos estudá-lo, consciente e conscienciosamente, com a ajuda da técnica de investigação científica, como *expressão* da vida popular.

O folclore permeia toda a vida social, vivificando-a, mas também vivificado por ela. Só nos poderemos arrogar o título de pesquisadores do folclore quando o analisarmos em relação com os *mores* e as instituições sociais que lhe dão as condições necessárias para nascer, viver e frutificar.

(*1960*)

FOLCLORE, FENÔMENO CULTURAL

Com seis anos de atraso, conseguimos, finalmente, que um Congresso Internacional sancionasse a concepção dinâmica do fenômeno folclórico que a experiência havia sugerido aos estudiosos brasileiros. Esse triunfo, na verdade, estava assegurado desde 1954. A batalha pelo reconhecimento do folclore como fenômeno cultural foi ganha, mas não reconhecida, no Congresso Internacional de Folclore que naquele ano se reuniu em São Paulo – um Congresso mais importante, do ponto de vista da representação das várias tendências, do que o de Buenos Aires, em fins do ano passado. De tal modo estava decidida a sorte da nova concepção que a apresentação da moção brasileira provocou uma reação inesperada – o equatoriano Justino Cornejo a combateu por considerar que nada continha de novo, que era apenas uma repetição do que todos sabiam...

Poderemos sentir melhor a irresponsabilidade com que nos deixamos torpedear em São Paulo se voltarmos a ler, passados seis anos, os documentos do Congresso Internacional. A Comissão incumbida de estudar as características do fenômeno folclórico havia endossado a moção que traduzia o pensamento brasileiro, redigida por Oracy Nogueira. Mas, no plenário, não tivemos vigilância suficiente para sustar um golpe diabólico – que ousadia dos brasileiros, tentar ensinar a europeus como entender o folclore! – e concordamos em que uma pequena comissão fizesse ligeiras alterações na redação do documento, a fim de facilitar a sua aprovação geral. Não nos lembramos de propor, inicialmente, a sua aprovação em tese. Ora, que fez a pequena comissão? Em vez de rever a resolução, como era da sua incumbência, propôs o adiamento da discussão para ocasião mais oportuna, alegando que a disciplina se chamava, segundo os países e as escolas, folclore, civilização popular, *Volkskunde*, *Folkliv*, etnografia; que, não obstante haver um domínio comum de estudo, os métodos e a terminologia não estavam unificados; que era impossível ao Congresso "fixar uma terminologia"...

Não há justificativa para termos aceito uma proposição dessas, que desrespeitava o esforço e a inteligência dos congressistas e nos privava do triunfo já obtido. Como nos podíamos considerar cientistas – advogávamos uma concepção *científica* do folclore – se permitíamos que a resolução que identificava o fenômeno que estudávamos fosse substituída por outra que a bombardeava, e punha a pique, não com argumentos capazes de destruir a caracterização sugerida, mas por questões de simples terminologia? Discutíamos um fato – ou um termo para batizá-lo?

A despeito do golpe, a concepção nova fez o seu caminho. Isso pudemos sentir agora em Buenos Aires. A oposição à moção brasileira – construída com trechos da Carta do Folclore e da resolução de 1954, mas em tom conciliatório e cordial – se fundou, não nas idéias que ventilava, mas no sentimento de que nada trazia como contribuição ao estudo do folclore, pois tudo o que dizia já era parte do patrimônio comum dos folcloristas... Houve mesmo risos e palmas de parte da assistência durante as considerações de Justino Cornejo, pedindo a retirada da moção. O belga Roger Pinon, salientando que nada havia de controverso na moção, sugeriu que fosse transformada em declaração de princípios do Congresso. Ora, havia uma comissão encarregada de estudar as características do fenômeno folclórico – e era essa comissão que propunha, ao fim dos seus trabalhos, a aprovação do ponto de vista brasileiro. Nenhum Congresso Internacional o havia feito, antes. Era uma razão para fazê-lo, certamente. Mas em geral pesava sobre os brasileiros a sombra do grande La Palice...

Quem não o conhece? Um erro de leitura fez a sua triste celebridade – um erro como aquele que condenou à morte, em 1954, os esforços pela sanção internacional da concepção brasileira do folclore. Ao contar as virtudes militares do capitão La Palice, morto em Pavia (1525), o seu biógrafo – lembra Jacques Chailley nos *Annales* da Universidade de Paris (abril-junho 1956) – escreveu: "Hélas! s'il n'estoit pas mort, il ferait encore envie." O cançonetista La Monnoye, em pleno século XVIII, fazendo confusão entre *ff* e *ss*, leu, certamente de propósito, "il serait encore en vie". Também os signatários da moção substitutiva de 1954 – uns deliberadamente, outros por desatenção e irresponsabilidade – trocaram *ff* e *ss*, como La Monnoye, para ler a seu modo o documento que deviam rever.

Mas Justino Cornejo, Jijena Sánchez, Lauro Ayestarán e alguns outros que os aplaudiram e apoiaram não estavam com a razão. Quantos folcloristas, na América, ainda situam o folclore no campo da história, da literatura, da filologia? Quantos folcloristas, em todo o mundo, ainda acreditam no folclore como ciência psicológica ou se lançam desesperadamente à busca da forma primeira de usos, costumes, lendas, contos, autos e cortejos?

Não estávamos apenas propondo o "fatto vivo, vivente e vitale" de Raffaele Corso, mas uma nova dimensão – o reconhecimento da natureza cultural do fenômeno folclórico, "que precisa ser captado na sua realidade presente e na função social que exerce no tempo e no espaço". Com isso dávamos o golpe de graça nas identificações e classificações intermináveis e saudávamos a nova era de estudo do folclore em íntima relação com os fenômenos sociais e culturais que intervêm na sua aceitação final.

Isso era *novo*.

Tão novo como as calças compridas que o folclore vestia, afinal, em Buenos Aires.

(1961)

TERCEIRA PARTE
Folguedos populares

PROTEÇÃO E RESTAURAÇÃO
DOS FOLGUEDOS POPULARES

Chegou o momento de pensar, com seriedade, e de maneira prática, no problema da proteção aos nossos folguedos populares. Como tornar efetiva a proteção, sem que, no processo, os nossos folguedos percam as suas características? Sabemos que a proteção em si mesma implica uma intromissão erudita no campo do folclore e, entre os perigos que comporta, está o de poder levar à mais rápida liquidação de toda essa riqueza das gerações. Peritos em artes populares, convocados pela Unesco (*La protection et le développement des arts populaires*, 1950), declaram, em estudo perfeitamente aplicável ao nosso caso, que o desenvolvimento dessas artes exige, ao mesmo tempo, intervenção e liberdade – "muita liberdade". De que maneira harmonizar esse desejável comedimento ("uma extrema discrição") com a necessidade imediata, inadiável, de promover e estimular as manifestações lúdicas da nossa gente?

A situação nacional desses folguedos não apresenta condições que nos indiquem uma solução única. Em geral, inclinamo-nos facilmente a admitir que os nossos folguedos – e essa palavra abarca jogos, autos, danças e cortejos folclóricos – estão em decadência, senão em franco processo de desaparecimento. Esse é, certamente, um fenômeno dos nossos dias, mas de modo algum um fenômeno geral, válido para todo o país. Senão, como explicar a permanência e o esplendor dos folguedos populares em estados aparentemente tão diversos na sua fisionomia como São Paulo e Alagoas?

Outrora, o bumba-meu-boi, o terno-de-Reis, o maracatu, as pastorinhas, as congadas, organizavam-se com dinheiro angariado no bairro ou na localidade, os parcos tostões do homem do povo e as gordas notas da gente rica. Não se tratava de uma simples contribuição, mas de uma demonstração de confiança no grupo. O dinheiro bastava, por pouco que fosse, para ligar a população à sorte do folguedo, que se transformava, assim, numa diversão quase familiar, quase pessoal, que saía à rua tanto para distrair os brincantes como para retribuir a munificência dos ricaços e justificar as esperanças da plebe. O povo solidarizava-se com os seus folguedos. Daí o entusiasmo com que se amanhecia, na Lapinha e na Penha, na Bahia, durante a exibição de ternos e ranchos; daí que os paraenses se esbofeteassem bravamente nas ruas de Belém, em defesa do seu boi... Se essa forma de manutenção do folguedo desapareceu em alguns estados, mantém-se viva, e bem viva, noutros – e em geral em todo o interior. O fenômeno da decadência e do desaparecimento dos folguedos populares parece circunscrever-se às capitais, embora com as honrosas exceções de Maceió, de Belém, do Recife e da Guanabara, e estar em desenvolvimento há menos de 25 anos.

Os quadros conhecidos da estratificação social sofreram, com efeito, a partir de 1930, alterações de certa importância, em conseqüência da inflação, do êxodo rural, da fortuna fácil dos anos de guerra, da carestia da vida, da insegurança política. Alterações de superfície, que não modificaram, essencialmente, o arcabouço antiquado e incapaz da nossa economia, sacrificada ao latifúndio e ao comércio de exportação. Onde essas modificações de superfície tenderam a reforçar a exploração econômica tradicional, os folguedos populares permaneceram, florescendo, preenchendo novas funções. Onde, porém, as transformações diversificaram, inferiorizaram ou incaracterizaram a economia local, produzindo desequilíbrio e insatisfação, tem-se a impressão – talvez falsa – de que os folguedos populares estão sendo sistematicamente suprimidos, quando não substituídos por folguedos e diversões não nacionais, trazidos a bordo dos navios que visitam o litoral atlântico.

Desse modo, se em certos casos teremos de proteger os folguedos populares, em outros deveremos restaurá-los. Podemos, pois, estabelecer de duas maneiras os dados e a solução do problema, criando uma norma geral, cuja validade, em cada caso particular, precisa ser aferida em relação com as circunstâncias locais.

* * *

O primeiro caso seria o dos estados de Alagoas e São Paulo, da Amazônia, da Guanabara, do Recife e de algumas cidades do interior do Paraná, de Santa Catarina e de Minas Gerais. A exploração econômica fundamental, a despeito de certos fatores de expansão, a despeito do acréscimo de elementos diversos ao quadro antigo, continua, em essência, a mesma. Toda a indústria de São Paulo – o exemplo mais extraordinário – não conseguiu retirar a esse estado a sua posição de produtor de café. Por enquanto a Amazônia brasileira ainda haure os seus recursos, como antigamente, da borracha, da juta, da castanha-do-pará, do couro de jacaré, do guaraná, do pirarucu, do casco de tartaruga. Quanto a Alagoas, toda a sua economia gira como sempre em torno da cana-de-açúcar. A Guanabara aumentou a sua população, multiplicou os seus recursos, marcou mais fundamente a separação entre as classes sociais, mas não será difícil reconhecer nela as mesmas características de antes de 1930, como o grande centro de comércio e de consumo do país. Do Recife pode-se dizer o mesmo – por baixo das suas pontes escoa-se, como outrora, a produção de todo o Nordeste. Nesses lugares, os nossos folguedos vivem da contribuição popular, local – e daí as acaloradas disputas entre partidários do azul e do encarnado em Maceió, os milhares de pessoas que se aglomeram para assistir ao desfile das escolas de samba na Guanabara, as levas de gente que acompanham maracatus e cabocolinhos pelas ruas do Recife... Em São Paulo, estado mais rico, os folguedos populares também vivem da contribuição popular, mas têm mais possibilidades de apresentação e, portanto, de recursos econômicos. Os caiapós, os moçambiques, as congadas, o batuque, os cantadores de cururu, os grupos que dançam a catira, o samba-lenço, a caninha-verde e o jongo, viajam por todo o estado, solicitados e aplaudidos pela população de aldeias e cidades, Cunha, Jundiaí, Taubaté, Iguape, Tatuí. Festivais como os de Atibaia ou da aldeia jesuítica de Carapicuíba só encontram símile nas grandes festas anuais do Largo do Bebedouro, em Maceió. Esses exemplos mostram que os sinais de decadência e de desaparecimento – que levianamente generalizamos para todo o país – não se evidenciam nos pontos em que, a despeito da concorrência de outros fatores, a exploração econômica fundamental permaneceu a mesma. Aliás, um dos fenômenos de superfície mais comuns nestes últimos 25 anos – o êxodo rural – trouxe para a Guanabara, através de emigrados capixabas, fluminenses e mineiros, as folias-de-Reis, que estão conquistando rapidamente o favor dos cariocas.

Como tratar os folguedos populares, nesses pontos do território nacional? Espontaneamente, São Paulo dá a resposta. Bastará multiplicar as suas oportunidades de apresentação, na cidade e na zona, com aquela "extrema discrição" recomendada pelos peritos da Unesco, deixando aos brincantes liberdade, "muita liberdade", na sua organização. O desfile no Parque do Ibirapuera, São Paulo, com que se encerrou o Congresso Internacional de Folclore, constitui um exemplo que se não deve perder. Essas oportunidades, que são o estritamente necessário para prestigiar os folguedos populares, podem multiplicar-se de tal modo que não somente o reisado de Maceió possa exibir-se em Viçosa e o reisado de Viçosa seja convidado a representar em Maceió, como já acontece, mas também que um grupo de caboclos paraenses, homens e mulheres, venha dançar o carimbó em São Paulo, traga a marujada de Bragança para o Rio de Janeiro ou leve o seu boi Flor do Campo a Curitiba ou a Fortaleza; que os caiapós de Piracaia possam tocar a sua buzina e bater a sua caixa nas ruas da Guanabara ou que uma escola de samba carioca participe do Carnaval do Recife... Sem plano, e aos azares da sorte, já se podem registrar casos desse tipo. As folias-de-Reis, que reproduzem a jornada dos Magos, são naturalmente andejas. A Escola de Samba Unidos do Salgueiro, sob o comando do veterano Calça Larga, seguiu de trem, a fim de participar do Carnaval paulista no ano do centenário da cidade, logo depois de haver desfilado sob os aplausos dos cariocas. E, se agora já não podemos falar em decadência ou desaparecimento dos folguedos populares nessas zonas, não poderemos fazê-lo depois. Essas medidas garantirão a sua permanência e, mais ainda, o seu florescimento.

* * *

Tem mais complexidade o problema nos pontos em que o interesse econômico principal se transferiu da exploração tradicional para outros ramos de atividade. A liderança das classes, os deslocamentos de população, as dificuldades gerais de vida – tudo parece ter criado uma situação insustentável para os folguedos populares. Como esses folguedos eram, em geral, estacionais – coincidindo com o Natal e a festa dos Reis, como os bailes pastoris e os ternos e ranchos, ou com o Carnaval, como o afoxé da Bahia –, o intervalo de um ano entre uma e outra apresentação se revelou demorado demais em relação com o ritmo com que se processavam, sob a premência da hora, as transformações econômicas de superfície. Os ricaços de outrora, que patrocinavam as diversões populares, passaram de repente a sofrer a concorrência de grupos mais ousados, que, na indústria, no comércio de exportação, nas casas bancárias, na especulação com imóveis, gêneros alimentícios e mercadorias de bom preço, em breve lhes tomaram o lugar. A classe média teve as suas dificuldades agravadas e, quanto ao povo, o salário real baixou, com as grandes levas de trabalhadores empobrecidos dos campos que buscavam trabalho nas cidades. Houve, assim, de um lado, a diminuição das possibilidades econômicas da parte da burguesia das cidades que promovia os folguedos populares e, de outro lado, o empobrecimento e a redução numérica dos elementos do povo que participavam ou contribuíam diretamente para a sua realização. Significará isso que esses folguedos tenham mesmo desaparecido, que já não seja possível recuperá-los, reintegrá-los no seu antigo esplendor?

Os mestres, os entendidos – cantadores, dançarinos, músicos – estarão vivos, na sua cidade natal ou em outras cidades, desejando, mais do que qualquer outra coisa, uma nova oportunidade de realizar a sua brincadeira. Foi o que demonstrou, na prática, José Loureiro Fernandes, que, roubando ao silêncio e ao esquecimento as congadas da histórica cidade paranaense da Lapa, fez reviver todo o folguedo. Os ternos e ranchos de Reis estavam desaparecendo na Bahia, de tal modo que somente um deles se exibiu nos palanques da cidade em 1953. Entretanto, um simples apelo, secundado pela imprensa, fez voltar às ruas o multicampeão dos anos anteriores a 1930, o antigo e celebrado Terno do Arigofe,

> ... o Arigofe
> não tem barriga,
> não tem tripa,
> não tem bofe...

e já outros ternos e ranchos anunciam o seu reaparecimento em 1955. Uma simples demonstração de interesse, prudente, bem conduzida, bastou, nesses casos, para ressuscitar folguedos aparentemente mortos. Não devemos aproveitar essas experiências no tratamento dos folguedos populares onde a nova situação econômica produziu a sua decadência ou o seu desaparecimento?

Encontrar os antigos animadores dos folguedos constitui por si só uma tarefa, mas o importante será convencê-los e interessá-los na sua reorganização. Há, atualmente, nas cidades, uma receptividade muito maior para as diversões populares. Se a população cresceu, a sua composição não mudou. E é certo que o crescimento maior se produziu nas camadas inferiores da população, herdeiras e portadoras do folclore. A classe média, aturdida a princípio com as decantadas maravilhas de outras terras, afligida pela insegurança econômica e farta das sensações civilizadas do futebol e do cinema, começa a revalorizar as coisas nacionais – e um vigoroso sinal dessa tendência é o interesse crescente pelas nossas manifestações folclóricas. Entre as classes abastadas, em parte por atitude *snob*, em parte por boa vontade e compreensão naturais, não será difícil encontrar apoio para os folguedos populares – apoio real, na forma de dinheiro, de materiais ou mercadorias, de facilidades. A imprensa e o rádio, se mobilizados, poderão ajudar eficazmente nessa tarefa de convicção. Há, igualmente, repartições municipais e estaduais e organizações privadas que, ora por benemerência, ora por obrigação, podem concorrer para o ressurgimento dos folguedos populares, concedendo subvenções, criando oportunidades de apresentação. Novamente, aqui – e aqui mais do que em qualquer outra ocasião –, teremos de levar em conta o binômio intervenção e liberdade para que os folguedos populares possam reassumir o seu caráter de legítima expressão do povo.

A intervenção deve fazer prova de "uma extrema discrição", limitando-se a encontrar os mestres, a convencê-los da conveniência da reorganização dos seus folguedos, a ajudá-los no que necessitem e a promover a sua apresentação em público. Se for necessário – como o será em muitos casos – montar o folguedo, será útil fornecer, de preferência, fazendas, instrumentos musicais, adereços, lanternas, etc., e muito pouco, quase nada, em dinheiro de contado, e assim mesmo para fins determinados, confecção de vestimentas, preparo de estandartes e insígnias, pequenas despesas. Se se puder conseguir a doação de certas coisas ao grupo, será proveitoso fazer com que os brincantes mesmos as peçam e as recebam das mãos do doador e que, entre a obtenção e a entrega, e a fim de destruir a impressão de facilidade, ocorra um intervalo razoável. A ajuda em caso algum deve cobrir todas as despesas – uma parte delas será da responsabilidade pessoal dos componentes do grupo –, nem se deve dar a impressão de que possa continuar todos os anos. Pelo contrário, será vantajoso insistir no caráter excepcional da ajuda, mostrar que da iniciativa do grupo é que decorrerão as possibilidades da sua manutenção futura e, ao falar da perspectiva de diminuição e suspensão da ajuda, indicar como as oportunidades de apresentação poderão compensar a sua redução ou falta. E, para dar responsabilidade ao grupo, deve-se exigir a prestação de contas de todo o dinheiro ou material que lhe tenha sido entregue. Essa calculada parcimônia evitará a exploração e, principalmente, o desleixo na reorganização do terno-de-Reis e da chegança. Embora, com a intervenção, se restaure o folguedo, jamais se deve esquecer que este pertence ao povo e deve ser mantido, de então por diante, com a sua iniciativa.

 Toda essa intervenção exige a concessão da mais ampla liberdade, "muita liberdade", aos mestres, aos entendidos, aos animadores, em tudo o que diga respeito ao folguedo em si. Não poderemos pedir que o terno ou o bumba-meu-boi saiam à rua como o faziam em 1920 ou em 1928, nem a ninguém cabe o direito de propor que se dance, cante ou toque isto ou aquilo, desta ou daquela maneira. Possivelmente, depois de tantos anos de falta de oportunidades, o grupo não conseguirá reinstalar-se imediatamente no esplendor antigo: os jovens não terão o mesmo entusiasmo, às canções talvez falte a ingenuidade de outrora, parte da dança ou da representação estará esquecida ou estropiada. Que importa isso? A prática – o hábito de sair nos dias determinados – e a concorrência dos grupos do mesmo gênero em pouco tempo corrigirão os erros e as deficiências. O interesse popular que o reaparecimento desses folguedos suscitará certamente lhes trará o concurso, a crítica construtiva e talvez a participação de outros velhos mestres e entendidos porventura não alcançados nos primeiros contatos visando ao ressurgimento do *ludus*. Os responsáveis pela intervenção deverão ter a difícil mas salutar continência de servir ao folguedo, trazendo-o novamente para a sociedade em toda a sua pureza popular, ou seja, como o faria o povo, se por si mesmo tivesse a possibilidade de fazê-lo. Temos o exemplo de José Loureiro Fernandes com as congadas da Lapa. Temos o exemplo de Théo Brandão durante a apresentação dos folguedos alagoanos na Semana de Folclore de Maceió (1952). Não foi outro o exemplo de todos os folcloristas que entraram em combinação com os folguedos populares de vários pontos do país para a sua apresentação coletiva no Parque do Ibirapuera, São Paulo, em 1954.

Os brincantes, nesta fase inicial de restauração dos folguedos populares, merecem atenção constante mas discreta, e sobretudo oportuna, de modo que jamais se sintam como crianças num orfanato. Somente no caso de mestres, entendidos e animadores já idosos, sem recursos, doentes – seria uma injustiça sobrecarregá-los, a título gracioso, com a tarefa de treinar o grupo – essa atenção deve tomar a forma de ajuda financeira direta.

Então, como conseqüência dessas medidas, o problema da proteção aos folguedos populares, nas zonas em que se nota a sua decadência ou o seu desaparecimento, reduzir-se-á ao mesmo denominador. E bastará multiplicar as oportunidades de apresentação para que os tenhamos, afinal, bem vivos, como parte integrante da paisagem cultural – exatamente como sucede nas zonas em que os folguedos populares ampliam a sua área de penetração, ganham novas forças, progridem e florescem.

* * *

Um aspecto do problema que, dadas as condições especiais do Brasil, não se poderá subestimar, sob pena de pôr em perigo todo o esforço, é o do desenvolvimento do espírito associativo. Aliás, esta é uma necessidade nacional, que se reveste da mesma importância para todos os ramos de atividade, mas que, no campo do folclore, pode fixar e dar unidade a grupos tantas vezes heterogêneos, fugazes e ocasionais e, portanto, contribuir para a permanência, o florescimento e a perpetuação dos folguedos populares. A cooperação entre os brincantes, fomentada através de associações civis, propiciará o treinamento dos jovens, aprimorará a perícia dos mestres e dos entendidos, formará quadros administrativos e, afinal, criará uma base econômica estável para o folguedo. Eleições de rainhas, bailes, feijoadas, sortes, etc., são atrações para interessar o público – e trazer dinheiro para os cofres da sociedade.

Em geral, são as relações de parentesco ou de amizade que determinam as normas do folguedo. A disciplina das congadas, das folias-de-Reis e das pastorinhas, por exemplo, tem essa explicação. Poder-se-á dizer o mesmo do batuque de São Paulo, do moçambique, do jongo, do bumba-meu-boi. Essas normas têm servido até agora para fazer do folguedo uma escola, tanto para os jovens como para os velhos, mas não têm podido acabar com a precariedade econômica responsável pelos colapsos parciais ou totais do grupo. As escolas de samba desde cedo se organizaram como sociedades civis e, nessa qualidade, com as vantagens e garantias de que desfrutam as sociedades civis, consolidaram as suas forças e proliferaram com tal ímpeto que não há bairro carioca que não as possua. E daí partiram para novas e mais altas formas de associação, como a União Geral, a Federação e, afinal, com a fusão destas duas, a Associação Geral, que harmonizou quase toda a família do samba. A essa forma legal de associação, que dá unidade, fixidez e responsabilidade ao grupo e lhe amplia a base econômica, tornando permanente a contribuição ocasional dos amigos, terão de chegar, mais cedo ou mais tarde, por força das circunstâncias, todos os nossos folguedos. Só assim poderão sobreviver, com possibilidades de resistir a qualquer embate adverso. Se desejamos protegê-los, estimulá-los e restaurá-los, não será avisado induzi-los, desde já, a tomar o caminho da sociedade civil?

A mesma cautela ("uma extrema discrição") ter-se-á de observar neste capítulo. Não poderemos esquecer que essas associações civis nada mais são do que uma forma de organização do folguedo, visando à sua permanência e ao seu florescimento, e, portanto, devem gozar de liberdade, "muita liberdade", sem que a intervenção passe do preparo da papelada indispensável ao registro, de acordo com a vontade dos brincantes e com a lei. Baste um exemplo recente. Um político carioca fundou, com objetivos puramente eleitorais, a Confederação dos Reisados, entregando a sua direção a auxiliares imediatos. Os mestres de cerca de setenta folias-de-Reis jamais pagaram um tostão, sequer, de aluguel da sede ou de outras despesas, e todas as quartas-feiras escutavam discursos políticos e mirabolantes promessas de ajuda, mas sobre os seus problemas específicos pesava o mais absoluto silêncio. Perdida a eleição, o patrono abandonou os reisados. Os mestres saíram da aventura demagógica do mesmo modo que nela entraram – sem o registro individual das suas folias, sem o registro da Confederação e sem experiência no comando de uma associação civil e, portanto, no trato dos problemas comuns. Todos esses mestres, trabalhadores, homens responsáveis, acostumados a dirigir os seus foliões durante a *jornada* dos Reis, podiam contribuir para a associação com idéias e esforço, senão, certamente, com dinheiro. Agora, as folia-de-Reis, vencendo todas as dificuldades, estão tentando refazer o caminho por si mesmas. Teremos o direito de criar uma sociedade como essa – de cima para baixo?

A associação civil constitui um elemento de fixação dos folguedos populares. E esse tipo de associação deve ser estimulado mesmo quando, como acontece, por exemplo, com o moçambique e as congadas, há inequívocos impulsos religiosos na organização e na apresentação do folguedo.

* * *

Há outro elemento de fixação, tão urgente quanto a proteção em si mesma, que não pode ser esquecido. Trata-se da pesquisa e registro dos folguedos populares, nos mais variados aspectos do fenômeno, especialmente música, texto literário, coreografia e história. A documentação pormenorizada de cada folguedo, além do seu valor intrínseco, pode servir de norma para a sua possível restauração ou, se esta se tornar impraticável no futuro, para a sua encenação por brincantes não tradicionais, como vem acontecendo na Inglaterra e em geral na Europa. Não é improvável que o interesse erudito na documentação do folguedo, em vista das oportunidades de trabalho em conjunto que propicia ao grupo, contribua, poderosamente – e isso depende de ser bem orientado – para estimular ou restaurar a brincadeira popular.

A pesquisa não colide com a proteção, completa-a.

Dispomos, atualmente, de uma vasta literatura especializada, embora nem sempre de acordo com as normas da boa técnica, que infelizmente se encontra dispersa em toda sorte de publicações nacionais. Esse material, valioso como parece, é insuficiente, pois, na maioria dos casos, não cobre todos os ângulos do fato considerado. A lacuna mais freqüente refere-se à coreografia. Nada temos ainda, nesse particular, dos folguedos alagoanos, tão exaustivamente estudados por Théo Brandão. Dos folguedos paulistas, a que Rossini Tavares de Lima e a Comissão Paulista de Folclore dedicam tanto carinho, não se pode dizer outra coisa, a não ser para o samba rural (Mário de Andrade), para o moçambique de Aparecida (Maria de Lourdes Borges Ribeiro) e para a dança-de-São-Gonçalo (Geraldo Brandão). Trabalhos que se aproximam do padrão ideal são os de Oswaldo Cabral em torno do vilão, do pau-de-fitas e da jardineira de Santa Catarina e de José Loureiro Fernandes acerca das congadas da Lapa, Paraná. Poderemos prescindir da coreografia do maracatu, dos bailes pastoris, do coco, dos cabocolinhos, do cateretê e do jongo? Muito pouco, quase nada, está documentado em filmes ou em fitas de gravação. O Paraná dá o exemplo, com três ou quatro filmes sonoros, realizados por um técnico em cinema, o velho Wladimir Kozak. Da mesma espécie há um filme pernambucano sobre o bumba-meu-boi. Em São Paulo, graças à operosidade da Comissão Paulista de Folclore, e na Guanabara, em virtude da extrema dedicação de Zaíde Maciel de Castro e Araci do Prado Couto, há filmes e gravações dos folguedos mais importantes. No Espírito Santo e em Alagoas, Guilherme dos Santos Neves e Théo Brandão têm gravado a música e a literatura dos folguedos locais, a que podem acrescentar muitas e sugestivas fotografias. Considerando o muito que há a fazer, e que precisa ser feito com urgência, não podemos lembrar aqui a imagem da gota d'água no oceano?

A pesquisa de que necessitamos supõe equipes armadas do aparelhamento mecânico indispensável – câmara fotográfica, máquina de filmar, gravador de som, etc. – e com um treinamento razoável em trabalhos de campo, a fim de captar, em todos os seus detalhes, e no menor tempo possível, o *ludus* nacional. A documentação científica constitui, obviamente, uma forma de preservação dos folguedos e uma cautela sobre o futuro. E, se essa tarefa exige técnicos, que dizer das tarefas práticas, mais delicadas, mais permanentes, em que será necessário contato íntimo e constante com os grupos folclóricos, como a proteção e a restauração dos folguedos populares e o incentivo ao espírito de associação?

* * *

A proteção aos nossos folguedos, nas condições peculiares em que se encontra o Brasil, torna-se um dever urgente e irrecorrível para todos os folcloristas.

Proteger significa intervir, e normalmente seria paradoxal que a intervenção fosse aconselhada ou efetuada por folcloristas, mas, se soubermos usar de "uma extrema discrição", garantindo "muita liberdade" aos folguedos, a intervenção – pelo interesse eminentemente nacional de que se revestirá, devolvendo ao povo, sem lhes violentar o caráter, as suas costumeiras ocasiões de prazer – pode ser perdoada. Estaremos prestando ao Brasil um serviço que ninguém mais lhe poderá prestar.

(1954)*

---

* Reunidos na Bahia (1957), os folcloristas brasileiros consagraram este trabalho através da seguinte recomendação:
O III Congresso Brasileiro de Folclore, considerando a necessidade de proteger e estimular, e em certos casos restaurar, os folguedos populares nacionais, a fim de que possam reintegrar-se na vida do povo, seja através dos grupos que primitivamente os realizavam, seja através de brincantes não tradicionais (estudantes, artistas, etc.), recomenda:

I

A – *a utilização de folguedos populares como recreação nas escolas, até o ensino médio*
1 – Na escola primária, mnemonias, parlendas, rondas, jogos de salão, jogos e competições ao ar livre, de acordo com a idade e a predileção dos alunos.
2 – Na escola secundária, danças, autos (no todo ou em parte), cortejos e, quando for o caso, teatrinho de bonecos, com figurantes masculinos e femininos.
3 – Nos dois níveis, a preferência deve orientar-se para as tradições populares locais.
B – *a multiplicação das oportunidades de apresentação para os grupos folclóricos em existência*
1 – Ajuda à iniciativa popular para exibições continuadas de cada grupo, dentro ou fora do período normal de festa.
2 – Organização de festivais, concursos, desfiles, etc., quer de grupos do mesmo gênero, quer de grupos diversos, com atrativos como a atribuição de medalhas, prêmios ou diplomas.
3 – Sempre que possível, interessar localidades da mesma região ou do mesmo Estado na apresentação de folguedos populares de outros pontos.
C – *a restauração dos folguedos populares desaparecidos ou em processo de desaparecimento recente*
1 – Ajuda aos antigos animadores desses folguedos, de preferência sob a forma de mercadorias e facilidades, na reestruturação de cada grupo.
2 – Criação de novas oportunidades, de acordo com a tradição local, para a reapresentação desses grupos.

II

Recomenda particularmente o Congresso que, ao mesmo tempo, os folguedos populares, existentes ou desaparecidos, sejam objeto da mais intensa pesquisa, que atinja o texto, a música e a movimentação, com os recursos possíveis de registro mecânico, a fim de garantir uma documentação que sirva, no futuro, à sua reconstituição, quer por grupos populares, quer por estudantes, atores e outras pessoas.

III

O Congresso incumbe a Comissão Nacional de Folclore, em plano nacional e estadual, de
– obter, com as autoridades educacionais, a implementação das sugestões contidas na letra A, parte I, desta resolução;
– estabelecer o necessário contato com os grupos folclóricos já existentes e com os animadores de folguedos em processo de desaparecimento, a fim de criar ou de aproveitar oportunidades variadas para a sua apresentação em público;
– conseguir, das autoridades públicas, eclesiásticas, etc., a cooperação e o apoio indispensáveis à realização das medidas propostas nesta resolução.

IV

O Congresso recomenda, finalmente, a observância das normas traçadas por Edison Carneiro para a proteção e restauração dos folguedos populares, reproduzidas no seu livro A *sabedoria popular* (Instituto Nacional do Livro, 1957, pp. 23-43), quanto às letras B e C, parte I, desta resolução.
Bahia, 6 de julho de 1957.

O FOLGUEDO POPULAR

Por que a insistência no problema da proteção aos folguedos populares?

Todos nós teremos pensado, um tanto ociosamente, em restaurar o folclore em toda a sua grandeza antiga. Tive oportunidade de encaminhar algumas sugestões à Comissão Nacional de Folclore em torno da proteção aos folguedos existentes e da restauração dos folguedos desaparecidos ou em decadência. Nada tenho a acrescentar àquele trabalho, exceto a consideração de que, muito provavelmente, através da proteção e da restauração dos folguedos populares, poderemos obter a desejada reinstalação do folclore na vida cotidiana do nosso povo.

Todo folguedo, como sabemos, constitui uma ocasião de trabalho, muito mais do que uma ocasião de *ludus*. A festa a que o povo assiste coroa vários dias, e até meses, de intenso labor – na arregimentação de pessoal, na confecção de vestimentas, enfeites, adereços, no preparo e às vezes fabrico de instrumentos musicais, nos emblemas, nas alegorias, nos estandartes e nas figuras de animais que são parte do folguedo, em ensaios continuados de canto, de música, de dança, em idas e vindas para a obtenção da licença policial, em busca de donativos de negociantes e pessoas gradas, em confabulações para a sua apresentação em público. O dinheiro, habitualmente, não chega – e são os figurantes mesmos que se incumbem das tarefas mais trabalhosas, em prolongados serões, de que toda a família participa, com os seus aderentes. Os meios modernos de comunicação, a imprensa e o rádio em especial, acrescentam novos deveres aos brincantes, sem contar a atenção que estes benevolamente dispensam à curiosidade nem sempre pertinente de forasteiros, de estranhos – e de folcloristas. Muitas vezes até o local de exibição deve ser preparado, e em casos extremos guarnecido, por iniciativa dos foliões. Toda essa atividade preparatória suscita o interesse e a boa vontade de grande número de pessoas.

Ora, a ocasião de trabalho não se limita ao grupo em si. Todo folguedo está associado a um conjunto de costumes religiosos e profanos, a certos tipos de comidas e de doces, a tais ou quais vestimentas, ao comércio destes e daqueles artigos populares. A simples apresentação do folguedo revigora, pois, os costumes que formam a sua moldura natural. Cantadores, figureiros, cozinheiras, entendidos em ervas medicinais, fabricantes de brinquedos, todos se preparam, com antecedência, para compartilhar da alegria – e dos lucros – da festa. As casas enfeitam-se a caráter – com ramagens para o São João, com folhas de pitanga para o Natal, com bandeirolas de papel de seda em outras oportunidades. Parlendas, versos, canções e estórias ligados ao folguedo voltam a correr, como nos velhos tempos. As mães fantasiam os filhos menores de acordo com o figurino do folguedo – de folião-de-Reis em Caxias, de brincante do bumba-meu-boi em São Luís do Maranhão, de *marujas* em Bragança, Pará. Os velhos fazem a crônica do folguedo. Apitos de madeira e de barro, caxixis, berra-boi, equilibristas, mané-gostoso, línguas-de-sogra ficam ao alcance da meninada. Comerciantes populares armam barracas para vender bebidas e comidas típicas – aluá, quentão, vatapá, mingau e fubá de milho, pato no tucupi... Todo o ambiente parece impregnar-se da estranha magia que, por um momento fugaz, devolve ao homem o senso da sua unidade essencial.

Sempre que pensamos em proteger e restaurar os folguedos populares, pensamos em fazê-lo para ilustração e deleite de uma camada reduzida da população. Será justo alimentar essa tendência intelectual? Tanto quanto nos ensina a experiência, o folguedo reforça o instinto de coesão do povo – e deve ser com esse objetivo que promoveremos a proteção e a restauração do *ludus*, que significam, em plano nacional, o primeiro passo decisivo para restabelecer, em toda a sua importância, o folclore do Brasil.

Precisamos passar da contemplação do folclore à tomada de medidas práticas de estímulo e defesa das suas manifestações.

(1957)

PROTEÇÃO PARA A MÚSICA FOLCLÓRICA

Em toda parte, a música folclórica é um patrimônio comum – pertence coletivamente a toda a nação, mas não pertence individualmente a ninguém. Exceto no Brasil. Aqui, todos podem, impunemente, lesar o povo, fazendo-se passar por autor da sua música e mesmo, em certos casos, enriquecendo com essa apropriação indébita. E não há maneira legal, eficaz, de coibir o abuso.

Infelizmente, ao chegar a era do disco, do rádio e da televisão, a música folclórica brasileira ainda não havia sido sistematicamente coletada e, em conseqüência, protegida, quer pela sua ampla divulgação, como aconteceu na Europa, quer pela ação direta dos folcloristas. O aproveitamento da música folclórica como inspiração para composições originais constitui uma prática considerada legítima em todos os países, mas, com uma inconsciência de espantar, temos permitido a usurpação pura e simples da autoria e, com ela, dos direitos autorais das canções folclóricas.

De extrema fluidez, sem nada de fixo na sua contextura, a música folclórica se exprime num sem-número de variantes, que se multiplicam num país com a extensão e a variedade de tradições regionais do Brasil. Muitas canções assumem forma diferente, na melodia e no texto literário, neste e naquele estado. A usurpação de uma dessas variantes empobrece o patrimônio musical, reduzindo as demais à pura oralidade, à difusão de pessoa para pessoa, restrita às suas respectivas áreas de vivência. Os responsáveis pelo lançamento da "Muié rendera" em disco, concomitantemente com o filme *Cangaceiros*, de Lima Barreto, respeitaram a sua condição de música anônima do povo. Se o não tivessem feito, poderia uma variante como aquela que diz, de referência às moças,

> suspirô por mim não fica,
> saluçô vai no borná

ser divulgada sem que logo se levantasse a acusação de plágio?

O assalto já alcançou a música de macumba, como aquele Vira-Mundo que os crentes cariocas estremeciam de horror ao ouvir cantar, e o samba de roda e o coco-de-praia, que se constroem de quadras populares intercaladas por estribilhos tradicionais.

O decreto nº 4857, de 9 de novembro de 1939, artigos 297 e seguintes, que regulamenta dispositivos do Código Civil quanto ao registro de propriedade, permite o registro legal ante a apresentação de letra e música, em duas vias, à Escola Nacional de Música: "As certidões de registro induzem à propriedade da obra, salvo prova em contrário" (art. 306, parágrafo único). Essa simples formalidade pode dar, a quem o desejar, o título e os proventos de canções às vezes conhecidas desde os tempos dos vice-reis, contemporâneas da Abdicação ou anteriores à abolição da escravatura. A ronda infantil "Meu limão, meu limoeiro", que todas as crianças brasileiras cantaram e cantam, tem um pretenso autor. A toada da Catirina do bumba-meu-boi pernambucano

> Catirina,
> cadê seus anelão,
> alfinete de ouro,
> correntão?

está legalmente atribuída ao bestunto de um compositor qualquer. E canções de pernada carioca, como "O general da banda" e "O facão bateu embaixo, a bananeira caiu", seriam devidas a este ou àquele cidadão mais sagaz que as levou às editoras de músicas e de discos. O decreto nº 4857, atrasado e arcaico, se torna, assim, uma fonte de lucros ilícitos e de glórias imerecidas, originando declarações estapafúrdias como "vou cantar um folclore de minha autoria", recentemente glosadas pelo cronista Nestor de Holanda.

Para restituir ao povo o uso e o gozo da sua música, não basta a simples revisão do decreto.

Impõe-se, antes disso, a criação, no Ministério da Educação e Cultura, de uma comissão de musicistas e folcloristas incumbida de rever, com o fim de defender o patrimônio popular, todas as composições registradas de acordo com o decreto, de modo a propor, quando for o caso, as alterações necessárias nos termos de apresentação dos autores – como intérpretes, harmonizadores, etc. – de temas populares.

Uma nova lei a regular a matéria seria proposta, à base dessa experiência de revisão, por tal comissão técnica. Sabe-se que o novo Código Civil, em elaboração, não tratará em pormenor da questão dos direitos autorais, que será objeto de lei específica. Assim, o anteprojeto da comissão proposta, em vez de conformar-se com o modelo "salvo-prova-em-contrário" dispendioso, demorado e difícil, incorporaria, entre os seus dispositivos,

a) os resultados da revisão das composições registradas anteriormente;

b) o reconhecimento, como parte do patrimônio comum, de toda música folclórica coletada e divulgada pelos folcloristas brasileiros e o registro *ex officio* de todas as canções e temas tradicionais que viessem a ser coletados e divulgados do mesmo modo, e

c) a criação de uma Comissão Permanente, que poderia constituir subcomissões estaduais, para a defesa do patrimônio musical, anônimo, do povo.

Em especial, a lei deveria estatuir a obrigatoriedade, para todos aqueles que de algum modo se valham da música folclórica, de incluir, em qualquer ponto da sua composição, o motivo ou tema popular na forma em que se encontra no seio do povo.

A utilização comercial da música folclórica, em particular no rádio e na televisão, põe um novo problema. Muitos anúncios se servem da música tradicional, mas com letra adaptada aos produtos cuja venda promovem. Uma ronda infantil, por exemplo, corre o perigo de permanecer apenas como música de anúncio. Já estão sendo utilizados a música dos nossos indígenas e os instrumentos típicos do povo, como o berimbau, nessa orgia de propaganda. Substituindo a letra tradicional, quando não alterando a música mesma, a promoção comercial constitui talvez a mais odiosa das formas de usurpação da música folclórica brasileira. Se, como deve, a nova lei estabelecer a obrigatoriedade do motivo ou tema popular como parte da composição, eliminará de vez a ameaça que os recursos audiovisuais estão insidiosamente criando para a canção folclórica.

Os direitos de autor, que são do povo, devem ser pagos ao povo – e essa assertiva ganhará substância se esses direitos forem pagos ao órgão nacional de proteção ao folclore, a Campanha de Defesa do Folclore Brasileiro, do Ministério da Educação e Cultura, que em breve, dependendo de projeto já no Congresso Nacional, se tornará o Instituto Brasileiro de Folclore.

Precisamos fazer alguma coisa, e com urgência, em benefício da música de todas as gerações, com o duplo objetivo de favorecer o seu florescimento e de restituir a todos os brasileiros a plena fruição desse patrimônio comum.

(1964)

QUARTA PARTE
Perspectivas de ensino

FOLCLORE EM NÍVEL SUPERIOR

Desde 1951 se discute, publicamente, a necessidade de organização do ensino de folclore em nível universitário. Chegou-se a falar na criação de uma cátedra de folclore nas Faculdades de Filosofia, mas o movimento nesse sentido, que já se esboçava até mesmo no Parlamento, arrefeceu ante a consideração (sem dúvida prudente) de que a nova cadeira traria consigo, inevitavelmente, a improvisação de cinqüenta e tantos professores por esse Brasil afora...

Não houve, porém, em todos estes anos, uma única tentativa de estruturação do ensino de folclore em nível superior. Seria suficiente a cátedra? Em quantos anos se poderia fazer um aprendizado razoável dessa disciplina? Em virtude de lei recente, o curso de Geografia e História das Faculdades de Filosofia foi desdobrado em cursos distintos. Onde ficaria a cadeira de Folclore? Em algum desses dois cursos ou no de Ciências Sociais?

Se se tratasse apenas de criação de uma cátedra, todas essas perguntas seriam válidas. Na verdade, precisamos de muito mais – precisamos de estudiosos e de pesquisadores de folclore, pois curiosos (todo mundo *supõe* que sabe folclore) já os temos demais. Estudiosos e pesquisadores não se conseguem com a simples freqüência às aulas ou a mera realização de provas parciais de uma cátedra qualquer. O ensino de folclore nas Faculdades de Filosofia teria, necessariamente, de cair num dos seus cursos e seria uma disciplina a mais a sobrecarregar o currículo, para afinal dar apenas uma ilustração, um *verniz* em folclore. Não nos adianta um ensino de folclore que seja como uma rosa à lapela – queremos um ensino que prepare homens e mulheres para a tarefa de fixar e interpretar toda a gama de fenômenos folclóricos que, à falta de pessoal realmente habilitado, não podemos captar.

Para atender às necessidades da hora presente, urge a instituição de um curso de nível universitário, com a chancela da universidade, mas um curso *especial*, sem nenhuma ligação necessária com tal ou qual faculdade ou curso já existente, e com uma estrutura igualmente *especial* – um curso para limitado número de alunos, aprovados por um sistema de seleção mais rígido (entrevistas pessoais, provas de capacidade e de vocação, exame escrito) do que os nossos vestibulares, de tempo integral para o estudante (o que supõe bolsas de estudo), de trabalhos escolares dirigidos e com a realização obrigatória de uma pesquisa pessoal, orientada, para a obtenção do diploma final.

Dividido em dois períodos letivos de quatro meses cada, o curso de folclore poderia desenvolver-se em um ano, com os meses restantes dedicados à realização de pesquisas pelos estudantes.

Todas as matérias do curso seriam aspectos distintos do folclore, com ênfase principal sobre o folclore brasileiro:

– Teoria do Folclore.
– Usos e Costumes Populares.
– Crendices e Superstições.
– Artes e Técnicas.
– Linguagem Popular.
– Literatura Oral.
– Lúdica.
– Danças Folclóricas.
– Folclore Infantil.

– Música Popular e Folclórica.
– Técnica de Pesquisa.

Os cinco primeiros aspectos constituiriam matéria de estudo do primeiro quadrimestre, os seis últimos do segundo. Essa divisão obedece à necessidade de dar ao aluno, inicialmente, ao lado do conhecimento teórico da ciência do folclore, uma visão dos estilos de vida do povo, antes de o iniciar nos segredos das formas de recreação, de literatura e de música que nascem desses estilos de vida e das técnicas utilizáveis na sua sondagem.

Embora o folclore infantil ortodoxamente deva fazer parte da literatura oral e as danças folclóricas nada mais sejam do que um capítulo da lúdica popular, a sua separação em matérias independentes tem por objetivo promover, não apenas o seu aprendizado teórico, mas a execução prática das danças de adultos e dos jogos e competições infantis.

O folclore aplicado e comparado não seria negligenciado, embora não constasse de rubrica especial. Em quase todas as matérias haveria oportunidade de salientar a possibilidade de aplicação do folclore. E, quanto ao folclore comparado, o aluno teria *rudimentos* dessa técnica em Teoria do Folclore – o suficiente para o curso, pois a proficiência em folclore comparado só se alcança após vários anos de estudo e experiência.

Quanto aos programas de cada qual das matérias propostas, poderiam acompanhar, em geral, o roteiro da minha tentativa de classificação decimal do folclore brasileiro para fins de bibliografia, a que falta apenas a elaboração das partes referentes à música e às danças folclóricas.

Resta ainda um problema. Se este curso deve ter o patrocínio da universidade, embora, dada a sua estrutura, não se possa ligar a qualquer faculdade, que não teria possibilidades de mobilizar, nos seus quadros, tantos técnicos para ministrá-lo – que organização poderia promovê-lo, financiá-lo, realizá-lo à altura das nossas necessidades em estudiosos e pesquisadores de folclore? A resposta parece óbvia. A preparação de folcloristas constitui um dos objetivos declarados da Campanha de Defesa do Folclore Brasileiro, criada pelo governo federal, em 1958, no âmbito do Ministério da Educação e Cultura.

Um entendimento entre essa Campanha (que forneceria o pessoal) e a Universidade do Brasil (que concederia os diplomas) poderia implementar a criação do Curso de Folclore.

(1959)

Formação de novos quadros em folclore

A formação de técnicos e especialistas está intimamente ligada à eficiência, à extensão e à profundidade do trabalho atual de todos nós, na valorização e na divulgação do folclore brasileiro.

Depende mesmo do nosso trabalho, o surgimento de técnicos e especialistas. Não pouco realizamos até agora. Temos publicado artigos e livros, documentos, obras de análise, tentativas de sistematização dos dados conhecidos. Temos promovido festivais, no Amazonas, no Pará, no Rio Grande do Norte, em Alagoas, na Bahia, no Rio de Janeiro, em São Paulo, e estamos começando a fazê-lo em Minas Gerais e em Brasília. Temos utilizado o rádio, em especial no Espírito Santo, e esporadicamente a televisão. Temos promovido cursos da mais diversa natureza, na maioria das nossas capitais. Temos interessado entidades culturais e estudantis e bibliotecas públicas e escolares. Temos despertado vocações. Todo esse trabalho tem um endereço certo – tentamos, às vezes confusamente, às vezes com plena consciência, reinstalar o folclore na vida cotidiana. Motivando interesses, estamos levando o folclore às preocupações dos nossos letrados e ao convívio das camadas populares, antes um tanto inibidos, uns e outras, pelas exigências da vida moderna e pelas transformações que se vêm operando no nosso país.

Parece chegado, afinal, o momento de tentar o conhecimento sistematizado do folclore nos três níveis da escola brasileira, como preparação natural para o estudo intensivo que poderá produzir técnicos e especialistas.

Propomos, pois, um programa aparentemente ambicioso, mas de fácil execução, se soubermos desenvolver esforços à altura da empresa, nas seguintes bases:

Ensino primário

Ação continuada junto aos Conselhos Estaduais de Educação a fim de que: a) se utilizem dados folclóricos no ensino de linguagem, matemática, geografia e história; b) nas aulas de trabalhos manuais, se abra lugar para as artes e técnicas populares vigentes nas redondezas; c) a recreação, na escola primária, se valha de jogos, competições e rondas tradicionais e, quando possível, reproduza os folguedos populares da região; d) nas festas e recitativos escolares, os alunos interpretem personagens de representações e cortejos populares ou executem danças folclóricas.

Ensino médio

Ação continuada junto aos Conselhos Estaduais de Educação com o fim de incluir, nos programas das matérias de nível médio, dois ou três pontos acerca dos aspectos folclóricos de disciplinas como português, geografia, matemática, história, formação política e social do Brasil. Por exemplo, em relação à língua portuguesa, pontos como formação de nomes de pessoas e cidades, poesia e narrativa populares, gírias e linguagens especiais, provérbios e frases feitas, etc. Pelas suas repercussões na escola primária, essa inclusão de pontos de folclore se torna ainda mais recomendável nas Escolas Normais e Institutos de Educação. Quando possível, seria proveitoso fazer incidir um dos temas ou quesitos das provas sobre algum desses pontos de folclore.

Ensino superior

Ação continuada junto aos Conselhos Universitários ou às Congregações, no caso de escolas isoladas, visando a inclusão de pontos de interesse folclórico nos programas das escolas superiores, mais ou menos de acordo com o seguinte roteiro:

– Faculdades de Medicina – medicina popular;

– Escolas de Agronomia e Veterinária – usos e costumes populares em relação à agricultura e à pecuária, à botânica e à zoologia;

– Faculdades de Direito – costumes populares referentes a bens móveis e imóveis e às relações entre pessoas;

– Escolas de Belas-Artes – cerâmica, escultura, pintura e gravura populares, decoração de interiores;

– Conservatórios e Escolas de Música – música popular e folclore musical;

– Escolas de Educação Física, Escolas de Dança e Escolas de Teatro – danças, cortejos e representações populares;

– Faculdades de Ciências Econômicas – comércio e indústria populares, sistemas de pesos e medidas populares;

– Escolas de Engenharia – transporte e técnicas de construção populares;

– Escolas de Arquitetura – arquitetura popular.

Para as Faculdades de Filosofia, mais complexas, propomos uma alternativa: ou a instituição de uma cadeira independente, que sirva aos cursos de letras, de geografia, de história e de ciências sociais, ou a inclusão de alguns pontos correspondentes a folclore nas disciplinas desses cursos – literatura oral nos de letras; astronomia, meteorologia, climatologia populares nos de geografia; mitos e lendas nos de história; o folclore como fenômeno cultural nos de ciências sociais.

Outros cursos, ainda não integrados em faculdades, como os de meteorologia, de museologia, de diplomacia, etc., poderão ser enriquecidos com a inclusão de alguns pontos de interesse folclórico.

Muito ajudariam a capacitação dos alunos, nas escolas de marinha mercante, os conhecimentos adquiridos pelo homem do povo no tocante à navegação fluvial e litorânea, ao regime de ventos e correntes marinhas, à construção naval.

Todo esse vasto esquema seria como a preparação gradual de nova geração de onde poderíamos colher, por um lado, o amigo e, por outro, o técnico e o especialista – ou seja, o cientista e o seu público.

Para a formação de técnicos e especialistas projeta a Campanha de Defesa do Folclore Brasileiro a instituição de uma Escola de Folclore, de nível universitário, com bolsas de estudo, em que os alunos, durante todo um ano, terão oportunidade, em cursos teóricos e provas práticas, de aprofundar o estudo e a análise do folclore brasileiro.

Como tarefa imediata, tendente a implementar o plano aqui esboçado, propomos que todos os folcloristas procurem interessar amigos e entendidos, se porventura não o puderem pessoalmente fazer, na elaboração de textos simples e objetivos, de fácil publicação ou reprodução, referentes àqueles aspectos de interesse do folclore, para a sua utilização por professores e alunos nas escolas de nível médio e superior. Esses textos podem ser publicados pela Campanha de Defesa do Folclore Brasileiro, quer na sua *Revista*, quer em folhetos avulsos.

Muito pode concorrer, para a capacitação de professores e alunos, a revista-documentário que projetamos editar, mensalmente, no próximo ano.

Em suma, devemos intensificar o nosso trabalho de pesquisa, de documentação, de análise e de divulgação do folclore brasileiro – única maneira de alcançarmos um público receptivo, simpático e interessado de onde poderemos recrutar os técnicos e especialistas à altura da sua riqueza e esplendor.

(*1963*)

QUINTA PARTE
Pesquisa de folclore

… a sondagem na alma do povo…

Sílvio Romero

Folclore

O fato folclórico

A palavra *folclore* identifica, em conjunto, uma série de maneiras de sentir, pensar e agir características das camadas populares nas sociedades civilizadas. Provérbios e adivinhas, as rondas infantis, as danças e os autos populares como o samba, o cateretê, as congadas e o bumba-meu-boi, a medicina das mezinhas e dos excretos, a vestimenta do vaqueiro e do gaúcho, a cerâmica e a renda de bilros, costumes rurais como o mutirão, as estórias e as lendas, a arte de construção de mocambos e casas de sapê, as superstições, etc., são manifestações da vida do povo que caem na categoria do folclore. Esses aspectos da vida popular nem sempre são uma criação especial do meio em que se movimenta o povo, mas, embora de origem erudita ou semi-erudita, são aceitos e integrados pelo povo na sua vida cotidiana.

A Carta do Folclore Brasileiro, que consubstancia as decisões do I Congresso Brasileiro de Folclore (1951), estabeleceu que "constituem o fato folclórico as maneiras de pensar, sentir e agir de um povo, preservadas pela tradição popular e pela imitação, e que não sejam diretamente influenciadas pelos círculos eruditos e instituições que se dedicam ou à renovação e conservação do patrimônio científico e artístico humano ou à fixação de uma orientação religiosa e filosófica".

Classificação

O folclore abarca toda a vida popular e se estende a todas as atividades, em todos os grupos de idade. É todo um sistema de vida. A despeito dessa sua amplitude, podemos classificar, sumariamente, os fatos do folclore nas seguintes ordens:

A – *Literatura oral*
   Folclore infantil
B – *Crendices e superstições*
C – *Lúdica*
   a) danças e bailes
   b) autos
   c) jogos e sortes
   d) cortejos
   e) teatro de bonecos
   f) festas tradicionais
D – *Artes e técnicas*
E – *Música*
F – *Usos e costumes*
G – *Linguagem popular*

A primeira dessas ordens compreende a poesia, as canções, as lendas e os mitos, as estórias, as adivinhas, os provérbios, a literatura de cordel e outros elementos de transmissão oral e envolve as rondas, os jogos, as parlendas e em geral o folclore infantil. Quanto à segunda, explica-se por si mesma. Na terceira enquadram-se o moçambique, o samba de roda, as danças-de-São-Gonçalo e de Santa-Cruz (sarabaqüé); autos como as cheganças, os caiapós, as congadas, o bumba-meu-boi; jogos como a capoeira de Angola e cortejos como as folias-de-Reis e as escolas de samba; o teatrinho de mamolengos; festas tradicionais, Natal, Carnaval, São João, e festas locais. A cerâmica, a cestaria, renda e bordado, a pintura, a escultura (ex-votos inclusive), a arquitetura e as artes caseiras pertencem à quarta ordem. O dom universal da música assume formas peculiares no seio do povo – e são essas formas que constituem a quinta ordem. Na sexta ordem cabem os usos e costumes populares relacionados com as atividades econômicas e sociais, a caça e a pesca, a habitação e a vestimenta, a medicina popular e as cerimônias que cercam o nascimento, o casamento e a morte, como as *sentinelas* do Nordeste e o *gurufim* dos morros cariocas. Uma última ordem, a sétima, abarca os fenômenos da linguagem popular, inclusive mímica, metáfora, frases feitas, linguagens especiais.

Características

Para enquadrar-se na categoria de folclore, o fato social precisa ser, ao mesmo tempo, tradicional, anônimo e popular.

O característico tradicional deve-se entender mais na forma – a ronda, a quadra, o auto, etc. – do que no conteúdo. Em geral os fatos do folclore trazem grande sobrecarga de tradição no sentimento original, na forma de expressão, na roupagem exterior. Embora tradicional nesse sentido, o folclore está sempre vivo, atual, em transformação, adaptando-se às mudanças operadas na sociedade. O folclore acompanha os acontecimentos, como o seu comentário. Daí a presença de pessoas conhecidas nos testamentos-de-Judas e os sucessivos acréscimos de cenas e personagens ao bumba-meu-boi. Admite-se, atualmente, o folclore *em estado nascente*, ou seja, o aparecimento de novas variedades folclóricas, tão genuínas como quaisquer outras, sem o apoio da tradição. Na realidade, embora o fato em si não seja tradicional, os seus elementos formadores geralmente o são. É o caso dos *pássaros* de Belém, do passo pernambucano, das escolas de samba, produtos de vastas recomposições que deram, em síntese, fenômenos novos.

O anonimato da criação popular é apenas uma condição atual. Alguém certamente fez os versos do maracatu ou do moçambique, mas o seu nome se perdeu na memória dos homens. E não se deve esquecer a possibilidade de criação coletiva, que torna ainda mais indiferente a questão do anonimato. Muitas das coisas do folclore têm autor conhecido – a *Viúva Alegre* de Lehar dá a música para alguns versos das pastorinhas cariocas –, mas o povo, adotando-as, fazendo-as suas, lhes comunica uma universalidade que não tinham. Com efeito, a criação individual *folcloriza-se*, sofre um verdadeiro processo de *despersonalização*, que lhe restitui o anonimato. Cada grupo folclórico tem, aliás, o seu poeta, o seu criador de modinhas e toadas, o seu figurinista, o seu coreógrafo populares. Assim, será bom considerar folclórico não apenas o fato social anônimo, mas o fato "de aceitação coletiva, anônimo ou não, e essencialmente popular", como o recomenda a Carta do Folclore Brasileiro.

Somente o que é popular é folclórico. Entende-se por *popular* o que emana direta ou indiretamente do povo – dos operários, dos camponeses, das camadas inferiores da população, dos grupos sem o comando na sociedade – ou o que, não sendo de origem popular, é entretanto conhecido e aceito por todo o povo e nele encontra ressonância.

A "pureza" do folclore

O folclore, fato social, é uma coisa viva, sujeita aos processos normais dos fatos da sociedade, e, portanto, capaz de nascimento, desenvolvimento e morte. Folclore é o que *existe* e não o que existiu ou devia existir. Não há notícia nem exemplo de fato folclórico em que não se misturem as mais variadas influências, como não há caso em que o fato folclórico, neste ou naquele ponto, não tenha sofrido adulterações decorrentes das circunstâncias especiais do ambiente físico e social. Os cucumbis desapareceram no Recôncavo da Bahia, mas uma das suas partes componentes, o jogo dos bastões (*maculelê*), permanece vivo em Santo Amaro. Desse modo, se o boi-bumbá se apresenta agora com palavreado e cantoria reduzidos, em comparação com o que sucedia nos começos do século, que utilidade terá considerá-lo "impuro"? Em verdade, a apresentação atual do boi-bumbá corresponde às mudanças que, no intervalo, se processaram na sociedade do Pará – e satisfaz as suas exigências. O fato folclórico ajusta-se ao ambiente, seja pelo reforço das suas características, seja pela supressão ou modificação de alguns ou de vários dos seus aspectos peculiares. As folias-de-Reis, miseráveis no interior, florescem na Guanabara, enquanto definham e morrem as pastorinhas. Folclore é, pois, o *fato atual*. As formas revestidas pelo folclore no passado pertencem já a outro domínio – o da história.

O folclore se modifica de acordo com a sociedade – e esta é a sua glória, pois somente assim pode continuar como o retrato vivo dos sentimentos populares e das suas reações ante as transformações sociais.

Disciplina pessoal

O conhecimento da literatura existente em torno do assunto escolhido serve para a boa delimitação do campo de estudo. Não deve, porém, o observador deixar-se tomar pela idéia de que já sabe tudo, nem de que vai apenas confirmar o que sabe, mas lançar-se à pesquisa de coração limpo – para aprender.

É importante que o pesquisador observe, pessoalmente, o fato a estudar – que esteja atento, por exemplo, à dança, ao desenvolvimento do auto popular, à ronda infantil, às várias fases do trabalho da cerâmica ou do trançado, etc., pois, tomando nota daquilo que não pôde entender, seja pelo seu caráter extraordinário ou inesperado, seja pela rapidez da sua execução, prepara-se melhor para a investigação ulterior.[1]

---
1 Ver nota de Raul Lody no final do livro.

Essencial para o êxito do trabalho será o comportamento pessoal do pesquisador. Não deve tornar-se importuno, nem dificultar, de qualquer maneira, a atividade do grupo em que está trabalhando, mas conquistá-lo com simpatia, delicadeza e boa vontade. Se estiver trabalhando com vários grupos, será de má política tomar partido nas suas rivalidades ou estabelecer categorias de valor entre este e aquele. Não é interessante atrair sobre si, em demasia, a atenção geral. A fim de evitar comentários ou atitudes desagradáveis por parte dos componentes do grupo, convém que as mulheres se vistam com modéstia e recato. Embora possa, e até mesmo deva, aceitar um ou outro oferecimento para comer e beber, o pesquisador precisa da virtude da continência. É um erro tentar conseguir a confiança do grupo através de donativos em dinheiro ou de promessas que excitem a ambição geral. Muito útil será à pesquisa se, através da sua atitude respeitosa e cordial, o observador chegar a ser considerado "pessoa de casa", a quem todos, voluntariamente, prestem informações ou façam confidências.

Somente quando se sentir senhor do assunto, somente quando o fato observado não tiver mais enigmas nem surpresas, pode o pesquisador abalançar-se a relatá-lo. Com a sua vasta experiência em pesquisa de campo, escreve Rossini Tavares de Lima: "Uma pesquisa só será bem-feita se não tivermos pressa, pois, às vezes, meses e anos de convivência com o grupo social nos esclarecem uma porção de coisas que nunca poderíamos perceber em horas e dias."

Esta disciplina pessoal, temperada com vigilância, paciência e bom humor, assegurará os melhores resultados à investigação.

A FICHA DE INFORMAÇÃO

O preenchimento de uma ficha, que contenha a informação no seu estado bruto, é o trabalho primário do pesquisador. Se não sentir inclinação para a pesquisa, basta que cumpra conscientemente essa tarefa. As pessoas metódicas poderão usar sempre a ficha, mesmo em trabalhos de nível superior.

Embora aqui se fale em ficha, é claro que a informação pode ser registrada em qualquer papel – ficha, caderno, folha isolada, etc.

A ficha deve conter nome, idade, naturalidade, cor, profissão e posição social e econômica do informante, local e data da informação e a indicação de se essa informação se refere a fato atual ou antigo, que resulta ou não do conhecimento direto do informante.

O corpo da ficha será a informação, que deve ser redigida, tanto quanto possível, com as mesmas palavras do informante, mas, em qualquer caso, sem trair o seu espírito. Se, no curso do entendimento, houver referências a outros fatos folclóricos, a outras localidades, etc., em ligação com o fato em estudo, deve-se procurar identificá-los com o informante e citá-los, no lugar competente, na ficha. As variantes do fato folclórico por acaso conhecidas do informante, no local ou nas povoações vizinhas, devem ser anotadas.

Somente em casos muito especiais o pesquisador deixará de encontrar mais de um informante para cada fato folclórico em particular. Assim, deve enriquecer a sua ficha com informações de outras pessoas, redigidas nas mesmas condições da primeira, pois uma informação corrobora ou invalida outra, e muitas vezes a corrige, dando ocasião a que se tire uma média das várias informações para servir à compreensão do fenômeno.

A escolha dos informantes deve ser feita de acordo com as normas estabelecidas no capítulo "Exame dos resultados".

A OBSERVAÇÃO PELA ENTREVISTA

Informantes

Após os primeiros contatos com o grupo a estudar, o pesquisador saberá quais os melhores informantes. A simpatia pessoal, o interesse pelas coisas do grupo, o domínio das situações, a solicitude com que os demais componentes respondem às suas sugestões, muitas vezes bastam para apontá-los. Essa escolha de informantes constitui um problema que o observador terá de resolver com a ajuda do seu discernimento e prudência.

Muitas vezes o chefe do grupo está entre os melhores informantes – como na folia-de-Reis, em que só o Mestre está autorizado a falar, pois a folia é uma responsabilidade pessoal sua. Em qualquer caso, deve-se conquistar a sua confiança e boa vontade, que facilitarão grandemente a pesquisa. Se, entretanto, o chefe não dispõe de tempo para satisfazer a todas as perguntas, ou se as suas opiniões não refletem, com exatidão, o sentimento geral, deve-se buscar outros informantes no grupo – talvez mesmo por ele indicados.

A inquirição sistemática desses informantes é essencial ao entendimento do fato folclórico em estudo. Os dados colhidos de cada informante serão, subseqüentemente, controlados, voltando-se a discutir e ampliar os mesmos assuntos com ele e com outros integrantes do grupo – se possível, de idades e situações diversas.

O pesquisador proporá a questão como se nada soubesse do que está perguntando e deixará que o informante diga com franqueza e em liberdade o que sabe. Perguntar, por exemplo, "Se você falar no nome do Sujo ao meio-dia, que acontece?", e não "O diabo lhe aparece se você falar no nome dele ao meio-dia?". Durante a entrevista, o pesquisador não sugerirá, de maneira alguma, a resposta, ainda que o informante possa ter a idéia de que já conhecemos suficientemente o assunto.

A menos que não haja outro recurso, deve-se evitar que a palestra com o informante ocorra em meio à execução daquilo que se investiga ou diante de outras pessoas do grupo. Uma visita à casa do informante ou um encontro previamente marcado – recomendáveis sempre que possível – rendem mais.

Convém sempre levar, já prontas, as perguntas a fazer – ou pelo menos saber exatamente o que se deseja perguntar, deixando ao acaso da entrevista a sua formulação. Se se deixar o informante completamente à vontade para responder, as suas declarações sugerirão novas perguntas, não previstas, que poderão esclarecer mais, e melhor, o fato folclórico em estudo.

Controle da informação

Como saber se a informação é correta? Se o pesquisador não faz as suas perguntas com clareza, se não escolhe informantes responsáveis e verdadeiros, se não está armado para entender o linguajar e as maneiras de expressão populares, muito provavelmente será levado a erro. Se, ao fazer a pergunta, sugere a resposta, certamente o será. E a única maneira de aferir a veracidade das informações obtidas é fazer as mesmas perguntas a várias outras pessoas, também categorizadas como informantes, e esclarecer os pontos duvidosos.

Durante a entrevista, nunca se deve fazer uma pergunta isolada, solta, mas uma série de perguntas sobre o mesmo assunto. Quantas pessoas tem uma ala de escola de samba? Antigamente o número de pessoas era maior? As outras alas têm o mesmo número de figurantes? Alguma vez já contou as pessoas – ou sabe disso por ouvir dizer? A ala pode ser maior ou menor, à vontade? Sempre houve alas? Muitas vezes, naturalmente, a resposta do informante satisfaz, de uma vez, todas essas indagações, mas, mesmo assim, o pesquisador deve fazê-las. Em entrevistas ulteriores, ou mesmo durante as novas oportunidades sugeridas pelas respostas do informante, o pesquisador voltará a fazer as mesmas perguntas. Desse modo, a informação pode ser controlada imediatamente em sua fonte.

Ora, a informação – obtida com todos esses cuidados – será em seguida controlada pelas informações de outras pessoas, igualmente sujeitas aos mesmos processos de crivo.

Tomada de notas

O pesquisador deve estar sempre munido de papel e lápis – para tomar notas e para fixar observações.

Nem sempre se terá tempo, nem disposição, para reduzir a fichas as informações obtidas. O caderno de notas geralmente substitui a ficha, dado o imenso trabalho que significa a organização de um fichário completo. Se o caderno de notas for usado, vale a pena passar a limpo, em casa, em outro papel, as informações, a fim de prevenir o caso de perda do caderno – e de todo o trabalho.

Todas as palestras com os informantes serão reduzidas a notas, taquigráficas ou não, tomadas na hora, que devem ser passadas a limpo em linguagem corrente, no menor prazo possível, para estudo e confronto posteriores. O observador anotará, com exatidão, certas expressões e modos de dizer peculiares ao grupo, com o cuidado de lhes acrescentar o significado que têm para os seus integrantes, como *trianguero*, tocador de triângulo, e *segunda*, acompanhante do cantador do cururu. Isso exige certo conhecimento do linguajar, da gíria local ou particular e do modo de vida do povo, a fim de evitar confusões entre vocábulos de uso geral e a terminologia especial do grupo. Se se trata de literatura oral, o seu registro terá de ser o mais fiel possível, com a utilização de todos os recursos disponíveis da acentuação portuguesa.

> Sigur'o toro
> Amarr'o toro
> Prend'o toro no morão
> Esse tor'é fio da vaca
> das minina do barão
> (coco de Alagoas)

não tendo o pesquisador, absolutamente, o direito de lhe alterar a prosódia ou a sintaxe.

Cabe também ao pesquisador – sempre que a descrição verbal parecer insuficiente ou incompleta – traçar esquemas da dança, da disposição dos figurantes, etc., e fazer esboços de instrumentos musicais, de aparelhos domésticos ou artesanais de cunho popular, etc., que dêem uma visão gráfica do fenômeno considerado.

Notações musicais

Se estiver habilitado a fazê-lo, o pesquisador deve registrar a música própria à atividade popular que estuda; se não, deve recrutar alguém que o faça. Muitos folguedos populares têm música característica e inconfundível.

Rossini Tavares de Lima escreve que a música popular "apresenta uma relativa uniformidade de forma e estrutura, não ultrapassando, em extensão, a oito, doze ou dezesseis compassos, mais ou menos". Há constante intercâmbio entre a música erudita e a música folclórica – e na região de fronteira reina o popularesco, que se caracteriza pela sua sujeição à moda. Do fato irrecorrível desse comércio entre a música erudita e a popular vem a necessidade de considerar folclórica, não apenas a música de criação original do povo, "mas também a de procedência erudita ou popularesca, [...] preservada pela tradição oral". Assim, conclui o conhecido pesquisador: "A missão científica do folclorista não é buscar espécimes raros, coisas originais, mas estudar o meio popular tal qual ele é ou foi, interessando-se em registrar tudo o que pertence ao seu patrimônio cultural, tenha a procedência que tiver, passada ou presente, anônima ou não."

Quanto à música popular brasileira em especial, observa Cleofe Person de Matos: "Somos obrigados a reconhecer: o fator *tradicional* não está presente, na generalidade dos casos, para confirmar, na música popular brasileira, o conceito de matéria folclórica. No entanto, a origem, o seu processo coletivo de criação, o trabalho deformador, anônimo e coletivo que atravessa, identificam-na, por muitos lados, às características essenciais da melodia folclórica. Falta-lhe a sobrevivência que lhe garante afixação na memória do povo. Apesar disso, os elementos de que se compõe representam o trabalho coletivo de gerações sucessivas, em um esforço *real* de fixação de *elementos tradicionais*."

O pesquisador deve sempre fazer a gravação e a notação pessoal. Luís Heitor aconselha, no caso de gravação, "fazer ouvir [...] o lá do diapasão, a fim de tornar possível o reconhecimento da exata altura dos sons da melodia em qualquer circunstância". Se se trata de conjuntos instrumentais ou vocais, deve-se "aproximar sucessivamente do microfone cada um dos instrumentistas ou cantores, deixando os restantes mais afastados do que ordinariamente", a fim de permitir a sua transcrição fiel. Luís Heitor recomenda ainda "inquirir os informadores acerca da [...] técnica e nomenclatura [dos instrumentos musicais], pedindo demonstração prática do que asseveram e registrando, no caso de instrumentos de corda, a afinação de cada um".

Se não dispuser de aparelhos de gravação, o pesquisador terá de adaptar a sua técnica a essas instruções especiais – comprovando, no momento ou em outras ocasiões, a exatidão das notas tomadas. Além de outras observações de interesse musical, o pesquisador deve assinalar o nome por que é conhecida do grupo a melodia, o número de participantes e dos seus respectivos instrumentos, local e data, as circunstâncias especiais em que fez a transcrição, etc. O documento que colher será mais útil se, além da melodia em si, registrar também o seu andamento.

O REGISTRO MECÂNICO

Se possível, e quando for o caso, o pesquisador deve ter à mão aparelhos mecânicos de registro, especialmente câmara fotográfica, máquina de filmar e gravador de som.

A música e a dança apresentam problemas particulares de registro fiel. Seja ou não especialista em qualquer desses campos, o observador fará melhor recorrendo ao registro mecânico – a gravação do som em fita, a filmagem em preto-e-branco e em cores ou, reunindo as duas coisas, a filmagem sonora. No referente à coleta de documentos musicais por meio de gravação, Luís Heitor aponta a sua "absoluta autenticidade", pois, "além de estarem a salvo de qualquer deslize auditivo do recolhedor (sempre possível na tarefa extremamente árdua e delicada que é reduzir a notas de música um canto popular), apresentam-se como a viva reprodução do original, com todas as nuanças que a grafia musical é incapaz de exprimir, seja no timbre, no ritmo ou no colorido emocional". Se, entretanto, não dispuser de aparelhos mecânicos de registro, o pesquisador fará notações musicais, se possível com a ajuda do metrônomo, e representará graficamente a dança, utilizando figuras e sinais convencionais que marquem a sua movimentação.

O canto será, preferentemente, gravado.

O registro mecânico, evidentemente, não substitui a descrição verbal – é apenas uma garantia de fidelidade, um complemento da observação. A letra dos recitativos e das canções terá de ser transposta para o papel; os movimentos gerais e particulares da dança, do auto, do cortejo, descritos; a música, escrita na pauta musical. A vantagem insubstituível do registro mecânico é a de constituir um documento *vivo* da observação. Não será preciso acentuar, nessa ordem de idéias, a importância do cinema – a figura em movimento.

A câmara fotográfica revela-se uma grande aliada do pesquisador, pois constitui um elemento de cordialidade – quem não deseja um retrato? – e fixa momentos importantes do grupo em ação. O filme fotográfico não tem os inconvenientes do filme de cinema: não tendo a mesma extensão, pode ser retirado mais rapidamente da máquina para revelação e os seus quadros são destacáveis sem dano para a pesquisa. A fotografia ilustrativa de aspectos do folclore deve ter sempre caráter dinâmico – um movimento, uma ação, e não uma *pose*.

Elementos essenciais da pesquisa

Para que a pesquisa obtenha os resultados que se esperam, torna-se necessário que estabeleça, de uma vez por todas, as características do fato investigado e compreenda a descrição sistemática da sua movimentação e ambientação e a sua ligação com a sociedade em que se verifica.

As perguntas da entrevista devem ter por objetivo a individuação do fenômeno em estudo.

Características

Através da inquirição dos informantes e da observação pessoal chega-se à caracterização do fato folclórico. As notas tomadas durante as sucessivas entrevistas formarão o quadro geral do fenômeno, permitindo, por exemplo, no caso de diversões coletivas, identificá-lo como dança, como jogo ou como auto. Essa caracterização geral terá de ser completada por outros dados que propiciem a sua caracterização particular. Por exemplo: 1) dança religiosa ou profana? 2) periódica, em dias fixos ou eventual? 3) de execução singular, aos pares ou por todo o grupo?

A caracterização do fato folclórico é absolutamente essencial na pesquisa, mas deve resultar dela, e não preceder à sua realização. Se o pesquisador não se sentir armado para fazê-la, deve apontar os aspectos mais salientes do fato em estudo para análise posterior.

Dados da pesquisa

O pesquisador terá que estabelecer, através das informações obtidas, o número e a importância relativa dos figurantes, a sua idade e profissão e, em casos especiais – se se deseja verificar a procedência do fenômeno –, a sua naturalidade. Quer se trate de cortejo, de dança, de jogo, de auto, deve-se descrever ou figurar a posição que assumem os brincantes no curso da diversão. Quanto à idade e à profissão, indicam a preferência deste ou daquele grupo populacional ou social pela diversão. Pode-se recorrer à naturalidade para explicar, por exemplo, o aparecimento de certos folguedos, cerimônias e costumes em pontos distantes do seu *habitat* original, como no caso das folias-de-Reis, da capoeira de Angola e do afoxé na Guanabara.

Outra indagação fundamental refere-se à organização associativa do grupo. Convém indicar, desde logo, se o grupo é aberto ou fechado – isto é, se todos podem participar da diversão ou se somente os seus integrantes estão autorizados a fazê-lo. Todos podem entrar numa roda de samba, desde que convidados por uma umbigada, mas somente os moçambiqueiros, os congos, os foliões-de-Reis e os caiapós dançam e representam em público. Outra anotação importante, neste capítulo, é a de como se organizou o grupo – se se trata de uma associação *a)* familiar, *b)* profissional, de pescadores, de homens da lavoura, de artesãos, *c)* residencial, de moradores do mesmo bairro ou da mesma zona rural, e *d)* religiosa, de devotos do mesmo santo, decorrente de promessa do chefe, etc. Deve-se indicar, igualmente, de onde procedem as finanças do grupo, das contribuições dos associados, da ajuda dos moradores remediados ou ricos ou de subvenções oficiais.

A descrição pormenorizada do fato folclórico é, naturalmente, o que se busca com a pesquisa. Essa descrição deve dar uma idéia exata do grupo, em movimento e em repouso; ordem de marcha e disposição dos figurantes durante a dança ou a representação, os dias em que habitualmente se realiza a diversão, os lugares por onde andam, o seu comportamento durante o tempo da festa, as cerimônias que iniciam e encerram as suas atividades, etc.

E, por fim, deve-se indicar a zona próxima e remota em que aparece o fenômeno. Embora, por exemplo, a pesquisa se limite à zona urbana de uma cidade, não será demais apontar a existência do fato investigado nos subúrbios e nos arraiais das vizinhanças ou em outras cidades da mesma zona. Caso o fenômeno se estenda a toda uma região, vale a pena caracterizar esta última, ao menos como industrial, agrícola, pecuária, comercial ou de economia de transição.

Instrumentos musicais

A descrição – sempre que possível acompanhada de fotografias – deve incluir os instrumentos musicais. Nem sempre será necessário descrevê-los individualmente, mas é importante enumerá-los todos, indicando a sua quantidade e posição na diversão, com os nomes que lhes dão os brincantes e os seus nomes convencionais (*tarau* e *tarol*, por exemplo). Se o instrumento for muito especial, pela sua forma, pelo seu caráter inusitado, pelo som particular que emite – como a frigideira das escolas de samba, o *gã* ou *agogô* do afoxé, o berimbau da capoeira –, então a sua descrição é imprescindível.

O registro mecânico deve individuar o som de cada instrumento. E, sempre que possível, o som dos instrumentos mais especiais deve ser traduzido na pauta musical.

Importância social

Cabe ao pesquisador, na medida do possível, verificar a importância social do fato investigado. É claro que nenhum fato social existe isoladamente, isto é, sem preencher alguma função, sem servir a alguma necessidade, pois de outra forma seria impossível a sua existência. Como fato social, o folclore não escapa a essa contingência.

Para determinar a sua importância, torna-se necessário indicar os grupos sociais de onde procedem os seus figurantes; a aceitação que encontra em outros círculos; de que setores da população recebe auxílio e estímulo e quais as classes de idade mais interessadas na sua continuação.

Ajuda muito, nessa determinação da importância social, o estudo da literatura existente sobre o assunto, especialmente as notícias referentes à diversão no local. Estas últimas – encontráveis em livros, periódicos, etc. – podem indicar se o fato folclórico está ganhando ou perdendo importância para a comunidade; se a sua aceitação se restringe agora a determinados círculos ou se, extravasando do seu âmbito primitivo, desperta interesse em outras camadas; se deixou de ser uma diversão de grupos particulares para transformar-se em diversão generalizada numa dada classe ou em toda a comunidade; se a sociedade outrora perseguia, tolerava ou protegia a diversão, em contraste com o que acontece no momento.

Se o pesquisador souber ou puder estabelecer as razões dessa importância social do fato folclórico, tanto melhor para a pesquisa.

O passado e o futuro

As possibilidades de sobrevivência do fato folclórico podem ser medidas através do exame dos grupos de idade. A participação de crianças e adolescentes, por exemplo, nas congadas, nas cheganças, no moçambique, em outras atividades populares, geralmente garante a sua continuação, quando os adultos desaparecerem. Se somente velhos participam, naturalmente a coisa muda de figura. O comum, entretanto, é a coexistência de velhos, homens maduros e crianças na mesma atividade popular. Não se pode deixar de anotar essas circunstâncias.

Convém estabelecer, portanto, como se transmite a tradição – se através do ensinamento oral, do treinamento dos novos ou da palavra escrita. Muitas congadas, pastorinhas e cheganças, por exemplo, têm cadernos em que estão registrados os versos dos vários papéis da representação. Como os conseguiu o grupo? Foram transcritos de memória, copiados de outro livro semelhante, ou são obra individual, de algum elemento de dentro ou de fora do grupo? Neste último caso, qual foi a sua fonte de inspiração?

EXAME DOS RESULTADOS

De posse de todas essas informações, o pesquisador entra na segunda fase do seu trabalho – o exame dos resultados. Esta parte da pesquisa exige o mais amplo e desinteressado cotejo, tanto das notas tomadas durante as entrevistas como das suas observações pessoais. E deve ser com a maior isenção de ânimo, sem querer provar teorias ou pontos de vista, empenhado apenas em captar a maneira pela qual o povo encara o fato folclórico, que essa análise terá de ser feita.

O confronto das informações

As notas tomadas no curso das entrevistas com os informantes terão sido, no mesmo dia, traduzidas em linguagem corrente. Essa simples transposição das notas terá sugerido novas perguntas – novos encontros com os informantes. E, por outro lado, tendo perguntado as mesmas coisas a vários informantes, o pesquisador está armado para traçar um quadro real do fato folclórico.

O panorama final decorre do cotejo das informações.

O pesquisador deve ordenar as respostas obtidas acerca de cada ponto e delas tirar o ensinamento que procura. Se todas as respostas coincidem, naturalmente que não há dificuldade no estabelecer o fato. Se, entretanto, divergem – a despeito de novas inquirições dos informantes –, cabe ao pesquisador assinalar todos os tipos de resposta que obteve, apoiando, com o depoimento da sua observação pessoal, a que lhe pareça mais próxima da verdade. Não somente as respostas afirmativas têm valor, pois, se os informantes não encontram ou não conhecem explicação para qualquer aspecto da diversão, esta negativa pode, às vezes, significar muito, seja em relação à antiguidade da diversão, seja em relação à diversidade dos grupos outrora e atualmente interessados na sua realização.

Assim, estabelecendo certezas, à base das informações, mas com a ajuda do seu discernimento pessoal, o pesquisador poderá traçar com segurança o quadro geral.

Norma

A norma – o costumeiro, o encontradiço, o geral – é o que se busca com a pesquisa. O povo esbanja iniciativa nas suas atividades e é difícil que haja absoluta semelhança entre dois ou mais grupos de congadas, de pastorinhas, de bumba-meu-boi. Esta folia-de-Reis, por exemplo, se vale de algum costume dos bailes pastoris; já aquele bumba aproveita alguma versalhada cômica de embolada ou desafio, etc. O pesquisador, se está tratando com mais de um grupo, não deve aceitar esse convite para passarinhar. Interessa muito o que é comum, seja na estrutura, seja nos aspectos exteriores e não essenciais, aos grupos da mesma espécie. É a norma que dá o tom do fato folclórico, que o caracteriza e identifica.

A exceção e o caso extremo

Essa preferência pela norma não invalida outros dados que não se enquadrem no geral. Haverá exceções dignas de registro, como haverá casos extremos, em que a iniciativa individual foi levada ao máximo, que devem ser mencionados. A norma situa e explica o fenômeno, a exceção o completa. As folias-de-Reis, na orla da Guanabara, são uma "compania" de 12 homens, mas, no novo Estado, onde a folia tem maiores oportunidades econômicas, esse número já se eleva, por vezes, a 24 e a 36. Essa exceção tem causas determinadas, ligadas ao êxito da folia como diversão popular, e completa o seu quadro. O caso extremo denota sempre maior dose de iniciativa popular, mesmo quando se trata de empréstimo a outra diversão ou costume. O seu interesse para a pesquisa está em que indica certa insatisfação pelas possibilidades do fato folclórico, geralmente devida a uma aproximação com outros grupos sociais que não os habitualmente interessados na sua execução.

Em ambos os casos, vale a pena indicar os motivos determinantes da exceção e do caso extremo e o costume que lhes serviu de modelo.

A OBSERVAÇÃO PELO QUESTIONÁRIO

Tanto para se informar como para completar as informações obtidas diretamente pela observação pessoal e pelas entrevistas, pode-se recorrer ao questionário, que a bem dizer equivale a uma ficha de informação, apenas com a circunstância de ser preenchida pelo informante, e não pelo pesquisador.

O questionário, instrumento de sondagem, deve conter um mínimo de perguntas simples, diretas e claras, de fácil compreensão e resposta, e limitar-se a um ou dois assuntos no máximo. Datilografado ou impresso, terá espaços vagos para as respostas e, abaixo da folha ou no verso, instruções sobre a maneira de dar corretamente as respostas. Haverá também espaço suficiente para a identificação do informante – nome, idade, profissão, residência e outras circunstâncias de ordem pessoal que se considerem necessárias. Os informantes serão escolhidos de acordo com a natureza da informação que se deseja – velhos, no caso de informações retrospectivas; músicos, se se trata de fatos musicais, etc. Pela sua própria natureza, já que exige respostas escritas, o questionário tem de ser distribuído apenas a pessoas alfabetizadas.

Usa-se o questionário não como substituto da entrevista, mas como complemento da pesquisa. Não há necessidade de questionários para a localidade em que o pesquisador trabalha: será mais proveitoso entrevistar diretamente as pessoas a quem seriam dirigidos. Se, entretanto, deseja saber se o fato que estudou também se verifica em outras localidades da mesma zona, se nelas tem as mesmas características, se há coincidência de datas ou de figuras, etc., não tem o pesquisador melhor recurso, nem mais barato, do que o questionário, que pode ser enviado pelo correio ou por um portador. Todo o seu trabalho, fora da preparação conscienciosa do questionário, será escolher bem os informantes – e aguardar pacientemente as respostas.

Os questionários preenchidos, que receba de volta, são como fichas de informação – e o confronto e análise do seu conteúdo devem obedecer às mesmas normas traçadas no capítulo "Exame dos resultados".

É claro que o pesquisador só se vale do questionário quando já está de certo modo senhor do assunto em causa, pois, no máximo, as respostas obtidas complementarão o seu conhecimento ou lhe sugerirão novas pesquisas.

O RELATO FINAL

Clareza, precisão, objetividade

O essencial, ao redigir os resultados da pesquisa, é ser simples e objetivo. Não se deve complicar o relato com citações, comparações e observações estapafúrdias, nem cansar o leitor com descrições prolixas. O relato deve obedecer, tanto quanto possível, à ordem de importância dos aspectos do fato considerado.

Sugere-se a disposição do material, já elaborado pelo cotejo de informações, do seguinte modo:

1) Uma descrição sumária do aspecto físico, econômico e populacional da zona em que se registra o fenômeno. Quando necessário, situar geograficamente essa zona.

2) Características do fenômeno.

3) Análise dos grupos humanos (posição social, idade, naturalidade, cor, etc.) que o promovem e executam e em geral nele estão interessados.

4) Descrição pormenorizada do fenômeno.
5) Instrumentos musicais ou de trabalho.
6) Vestimentas.
7) Organização associativa.
8) Importância social do fato folclórico.
9) Anotação da área (próxima e remota) em que ocorre.

O item 4, "descrição pormenorizada do fenômeno", pode ser, naturalmente, desdobrado em

a) disposição e importância relativa dos figurantes;

b) peripécias da marcha, da dança ou da representação (enredo), com exemplos de versos ou canções típicas que as acompanham, ou fases do trabalho;

c) comportamento do grupo em marcha, durante a execução do folguedo e em visita a casas amigas, ou durante a produção e distribuição de mercadorias de uso popular.

Incluem-se, nesse item, a descrição ou o esquema da dança ou da representação e notações musicais.

A parte oral da pesquisa, obtida por meio de gravação, por notas pessoais ou por cópia dos cadernos dos figurantes, ficará melhor no fim do relato, como adendo à pesquisa, no caso de ser muito longa, sem que isso signifique que alguns trechos não possam ser transcritos no corpo do trabalho, no lugar pertinente.

E, finalmente, o pesquisador pode dar a sua opinião, à base das observações feitas, acerca deste ou daquele aspecto do fato folclórico, ou acerca do conjunto dele – de preferência com modéstia e senso das proporções.

Não vá o sapateiro além do sapato

Para que o relato seja, como convém, simples e objetivo, é necessário que não ultrapasse o justificado pelas respostas e observações, nem esteja sobrecarregado de fatos e observações a elas estranhos.

O pesquisador deve relatar, tão completamente quanto possível, o *geral* e o *atual*. Não é bom valer-se da memória pessoal, das recordações da infância e da juventude, senão depois de controladas através da indagação de pessoas fidedignas, mais idosas, a fim de poder estabelecer comparações ou datas. Não importa a ninguém a narrativa de como o pesquisador foi tentado a realizar a sua investigação, nem as dificuldades que por acaso encontrou para ultimá-la, exceto se essas dificuldades têm qualquer relação íntima com o fato estudado. O relato tem de ser despersonalizado – importa muito conhecer a opinião e os modos de sentir e agir comuns ao grupo e à comunidade, a atitude coletiva, e não a preferência pessoal do investigador ou dos seus amigos. O pesquisador não deve esquecer que estuda um aspecto particular do folclore nacional, e muitas vezes até do folclore regional ou local, tendo, portanto, a obrigação de abster-se de generalizações tão perigosas como inúteis para o entendimento do fenômeno.

E, por fim, deve-se fazer o relato de modo a ser compreendido e apreciado por todas as pessoas que saibam ler e escrever, e não apenas pelos entendidos em folclore.

Coleta de peças folclóricas

O trabalho sistemático com o grupo dará ao pesquisador inúmeras oportunidades de entrar em contato com um vasto material folclórico – máscaras, vestimentas, libretos, instrumentos musicais, figuras e objetos de cerâmica, trançados de palha e de corda, fôrmas e instrumental de trabalho, brinquedos, utensílios domésticos, bandeiras, etc. – que deve coletar, na medida do possível, por compra, doação ou troca.[1]

Não basta, entretanto, consegui-lo. O coletor deve preencher uma ficha de identificação, que contenha o nome por que é conhe-

---
1 Ver nota de Raul Lody no final do livro.

cida a peça; data e local da sua aquisição; nome do fabricante, se possível; preço, utilidade e material de que se compõe; indicação das suas variantes; local ou locais em que é fabricada e vendida, etc. Será sempre útil fazer uma pequena descrição da peça, inclusive tamanho, peso, etc. No caso de instrumentos musicais e de trabalho, e sempre que se torne necessário dar uma idéia da utilização do objeto, deve o pesquisador acrescentar à ficha de identificação algumas fotografias *vivas*, que apresentem o material na sua dinâmica.

Com todas essas cautelas, a peça folclórica deixa de ser muda e inerte, simples tralha de museu, para se transformar num ensinamento proveitoso – "como testemunhos, como peças de convicção, uma espécie de materialização das concepções que os criaram", como escreveu Albert Marinus.

Todo objeto tem uma circunstância especial que o singulariza – e essa circunstância deve ser estabelecida com segurança pelo pesquisador, na informação escrita. A máscara de Carnaval que se adquire em Santos pode ser obra de artistas populares de Ubatuba. Um tambor popular pode ser percutido de várias maneiras, em cada caso especial – apoiado no chão, entre as pernas do tocador ou com este sentado sobre o instrumento. Em suma, ao adquirir a peça, o pesquisador deve fazer as mesmas indagações aconselhadas para a pesquisa em geral, embora, naturalmente, em âmbito mais reduzido.

O cuidado com as peças coletadas já faz parte de outro ramo do conhecimento – a museologia. Em regra, todo objeto é perecível, mas a boneca de canarana, a máscara de pêlo de animal, o paliteiro de barro do tipo *passarada*, o *pão-por-Deus* catarinense, etc., exigem, naturalmente, proteção mais imediata do que objetos de material mais consistente. Se o pesquisador não souber como preservar o material, deve remetê-lo, em embalagem conveniente, para o museu mais próximo.

(1955)

SEXTA PARTE
Passado, presente e futuro

EVOLUÇÃO DOS ESTUDOS
DE FOLCLORE NO BRASIL

Quando a guerra terminou, os estudos de folclore no Brasil haviam chegado a uma encruzilhada. Tudo podia acontecer. As orientações antigas – que levavam a considerar a disciplina como parte da literatura, da lingüística ou da história – ainda tinham muita força, mas, por outro lado, os folcloristas brasileiros começavam a confiar na associação de esforços, criando condições para um tipo de labor intelectual diverso do que prevalecera antes. As novas tendências eram, apesar de tudo, fragmentárias e, se tivessem tido condições de florescimento, teriam confundido, em vez de unificar as tentativas de conhecimento da realidade folclórica nacional.

No centro da encruzilhada estava Mário de Andrade (1893-1945), poeta, romancista, musicólogo, homem de extraordinária versatilidade, falecido pouco antes do triunfo dos Aliados, mas a inspiração renovadora vinha efetivamente de mais longe, do poeta, filólogo e humanista Amadeu Amaral (1875-1929).

1

Inicialmente concebia-se o folclore como parte da literatura.

Aos estudos de poesia popular de Celso de Magalhães (1849-1879), um meteoro no céu do folclore, sucederam, em âmbito muito mais vasto, as coletâneas de *Cantos* e *Contos* do seu colega Sílvio Romero (1851-1914).

As técnicas de coleta – se se pode usar a palavra *técnica* em relação a esses trabalhos – eram as mais primitivas: nenhuma menção de informantes, de datas, de circunstâncias; a localização dos fenômenos era vaga (em geral o estado, uma ou outra vez a cidade) e não havia registro da solfa, nem da coreografia. Sílvio Romero, grande agitador de idéias, estava então muito cônscio dos problemas raciais – e dividiu o material colhido de acordo com a sua suposta "origem" branca, negra, indígena e mestiça.

Os volumes dos *Cantos* e dos *Contos* foram publicados em Portugal (1883 e 1885) com estudos preliminares e notas comparativas – que Sílvio Romero considerou "uma esperteza" – de Teófilo Braga. Interpretando o material à luz da ciência do tempo, o folclorista português reduziu o trabalho ao que na verdade era – uma simples coleta, cujo plano se atreveu a alterar. O "coletor" persistiu em valer-se, nas edições brasileiras, da explicação pelas "origens" raciais e pelas "transformações dos costumes", expressão vaga que poderíamos traduzir como o resultado dos contatos de culturas.

As duas coletâneas e um outro estudo em torno da poesia popular (1888) fizeram o seu caminho, e os apelos que continham em favor do estudo das tradições populares foram atendidos por Melo Morais Filho (1844-1919), no referente a usos e costumes urbanos (*Festas e tradições populares do Brasil*, 1888, e *Serenatas e saraus*, 1901-1902), e por Nina Rodrigues (1862-1906), quanto às crenças e aos costumes particulares dos descendentes dos escravos (*O animismo fetichista dos negros baianos*, 1896, traduzido e publicado pelo autor em francês, 1900, e *Os africanos no Brasil*, publicação póstuma, 1932). Figueiredo Pimentel (1869-1914), dirigindo-se a novo público – o das crianças –, vulgarizava os contos populares (*Contos da carochinha*, 1894, e mais dois volumes em 1896). Outros letrados – entre eles Vale Cabral (1851-1894), Rodrigues de Carvalho (1867-1935) e o alemão naturalizado Karl von Koseritz (1830-1890) – colecionavam, carinhosamente, exemplos de poesia e de drama ou registravam, ainda que de maneira incompleta e imperfeita, usos e costumes urbanos e rurais. Em 1889, Sant'Ana Nery (1848-1901) podia publicar, em Paris, *Le Folklore Brésilien*, um apanhado geral do que já se sabia, em letra de fôrma, na ocasião.

A proclamação da República (1889) encerrou esse primeiro período. Os estudos de folclore haviam progredido num ambiente fecundado pelos debates em torno da sucessão do trono, pela arrancada final em prol da abolição da escravatura e pela propaganda republicana, mas em paz. O novo regime trouxe consigo a derrocada financeira, a dissolução do Congresso, a revolta da Armada (1893) e a campanha militar contra os fanáticos de Canudos (1896-1897), intranqüilizando o país até 1898. A coleta de dados e a descrição de usos e costumes escapou das mãos dos folcloristas, passando, gradativamente, para poetas e novelistas que eventualmente chegaram a criar uma literatura *regional*, em especial onde as condições sociais eram mais particulares ou pitorescas, onde o gênero de vida era mais peculiar, onde a espoliação da terra e do homem havia criado tipos lendários, ao mesmo tempo de heróis e de bandidos. Assim, no curso do tempo, foram recenseados, com as imperfeições naturais da literatura de ficção, o interior paulista, a campanha gaúcha, a área das secas do Nordeste, a Amazônia, os garimpos, os campos de criação, as plantações de açúcar... E as figuras de cangaceiros, beatos e taumaturgos, já consagradas nos *abc* da literatura de cordel, encontraram de repente uma interessada platéia nacional.

Em 1908, vencendo a força da maré, Pereira da Costa (1851-1923) publicava uma ampla coleta de poesia popular e de usos e costumes de Pernambuco. Júlia de Brito Mendes e Alexina de Magalhães Pinto coligiam, respectivamente, canções de adultos e de crianças (1911). E em 1913 João Ribeiro dava, na Biblioteca Nacional, o primeiro curso de folclore do Brasil (condensado no volume *O folclore*,

1919), orientando os estudos correspondentes para o campo da psicologia – da *Völkerpsychologie* alemã, traduzida como "psicologia étnica".

A campanha militar contra os fanáticos do Contestado (1912-1916), a Primeira Guerra Mundial e as revoluções democráticas de 1922 e 1924 produziram novo hiato nos estudos de folclore, mas ainda assim Lindolfo Gomes (1878-1953) e Gustavo Barroso (1888-1959) divulgaram coletas de contos (1918) e de poesia (1921) realizadas, respectivamente, em Minas Gerais e no Ceará.

Toda essa laboriosa evolução preparou o advento de Amadeu Amaral.

2

Em artigos que publicava, semanalmente, num diário paulista de grande circulação, Amadeu Amaral fez a crítica dos estudos de folclore e propôs a criação e traçou o programa de uma Sociedade Demológica.

Parecia-lhe que o folclore brasileiro, como disciplina, padecia de três males principais, um deles geral, os outros particulares às teorias e tendências ainda vigentes:

a) o sentimentalismo ("quase sempre, o folclorista é atraído ao estudo das criações populares por uma espécie de admiração romântica de seus conterrâneos, pelo transparente desejo de os glorificar, provando que eles são muito inteligentes, muito engraçados ou muito imaginosos");

b) "excesso de teorizações imaginosas e precoces", que considerava, genericamente, "simples abuso vulgar de imaginação";

c) "excesso de diletantismo erudito", com estudos "microscópicos e estéreis", que entretanto talvez pudessem ser aproveitados algum dia em obra de maior vulto.

Ambos os excessos eram "igualmente prejudiciais".

Acontecia, assim, que os fenômenos fossem encarados como gêneros isolados, sem nenhuma indicação da organicidade da cultura popular. Não obstante longo, transcreveremos um trecho da sua crítica aos trabalhos contemporâneos:

> Os fatos, conforme nota Van Gennep, não se apresentam como *superfícies*, mas como *volumes*, o que quer dizer que têm várias faces. Os observadores geralmente os encaram por uma só face, descurando as demais, muitas vezes como se não existissem.
> Assim as coletâneas de poesia popular, na sua maioria, são meras coletâneas de versos. Ora, a poesia popular, de ordinário, não se separa da música; a música está na gênese da peça poética, ou porque esta é composta sobre uma tela rítmica e estrófica determinada por aquela, ou porque uma e outra se organizam ao mesmo tempo. Às vezes, os versos se resumem num simples "pretexto", destituído de valor e até de significação. Portanto, faltando a melodia ou a toada, ou pelo menos algumas indicações a respeito, falta um elemento imprescindível para a compreensão da poesia popular nos seus processos genéticos e técnicos.
> Mas a música e a poesia, por sua vez, estão freqüentemente ligadas à dança, numa troca de ações e reações: o tipo da dança determina o tipo da música, o ritmo desta e dos versos ajuda a conservar as formas da dança, etc.
> Assim, devíamos ter, não só coletâneas de versos, mas também "cancioneiros" completos, literário-musicais, com indicações precisas sobre os bailados quando também estes concorressem.
> Considerações semelhantes poderiam fazer-se a respeito de tudo o mais.

Essas "observações conexas" só poderiam ser realizadas por pessoas "bem familiarizadas" com os fenômenos a estudar.

No Brasil, dizia Amadeu Amaral, "as vistas teóricas precederam *inteiramente* à coleta e exame de materiais e à observação direta do homem e dos costumes". Que se devia fazer? "Estudar esses assuntos com um pouco menos de imaginação e sentimento e um pouco mais de objetividade, menos literatura e mais documentação." A documentação deveria constituir-se de material coletado em toda parte – "material contrastado, autenticado, localizado, sólido, sem fantasias, sem consertos nem acréscimos, em condições de ser confirmado ou retificado por qualquer um, como acontece com os materiais das ciências positivas". Somente a existência desse material poderia permitir, no futuro, comparações, generalizações e sínteses teóricas de qualquer espécie, pois todas elas seriam "verificáveis" cientificamente.

Ao propor a sua Sociedade Demológica, Amadeu Amaral (1925) lembrou, pela primeira vez, a criação de um museu de folclore, a necessidade de mapear o folclore brasileiro, a organização de uma biblioteca especializada e, finalmente, o aliciamento, nas diversas localidades do país, de "correspondentes" capazes de realizar a coleta primária que julgava indispensável. O campo ainda não estava preparado para o trabalho *humilde* de revelação do folclore: "Será possível reunir-se esse punhado de heróis?"

Infelizmente, Amadeu Amaral não teve possibilidade de realizar os seus sonhos – e os seus artigos, em que não apenas instara pela pesquisa como fonte do conhecimento, mas até mesmo descera a pormenores do *que* e do *como* pesquisar, só apareceram em volume, *Tradições populares*, reunidos pelo seu amigo Paulo Duarte, quase vinte anos após a sua morte (1948).

3

Coube a Luís da Câmara Cascudo, que desde 1922 vinha pesquisando sistematicamente a poesia, o conto e os costumes do Nordeste, criar a primeira associação dedicada ao estudo das coisas populares. Em Natal, e tendo por lema *pedibus tardus, tenax cursu*, surgiu a Sociedade Brasileira de Folclore (1941): "O jabuti [...] venceu o veado na velocidade. Não é verdade que o Tempo não respeita o que foi feito sem sua colaboração?" Pouco antes (1939) Cascudo havia publicado *Vaqueiros e cantadores*, com que iniciaria a sua brilhante e fecunda contribuição à bibliografia brasileira de folclore.

Tão novos e inusitados eram os estudos a que se propunha a Sociedade que aos seus estatutos foram acrescentados sugestões para coleta e um plano geral de inquérito, pormenorizado em especial quanto às superstições. Permitimo-nos citar alguns trechos desses documentos:

> É preferível, inicialmente, a monografia, ilustrada com fotografias e músicas, sempre que o assunto comportar. / Qualquer espécie animal ou vegetal citada [...] deverá ser acompanhada pela sua classificação científica... / Mesmo não publicando a procedência da informação, é aconselhável [...] anotar a data, local e nome do informador, guardando o original. / A virtude máxima do folclorista é a fidelidade. Não admitir a colaboração espontânea, inconsciente e poderosa da própria imaginação no material obtido [...]. Fixar talqualmente ouviu. Pode ser que o "regionalismo" seja apenas um arcaísmo legítimo. Pode ser que o hábito julgado exótico reflita a sobrevivência secular. / O trabalho inicial do folclorista é o de um fotógrafo sem o recurso dos retoques. / Colhendo música, não pretenda facilitar o registo dos compassos modificando o andamento. Não consulte sua estética pessoal. Ouvindo canto popular, vozes nasaladas, processos imprevistos de portamento, terminação, ampliação vocal, registe como for possível, mas informe integralmente sobre o que encontrou. / Não pergunte afirmando. É uma sugestão para a concordância, psicologicamente natural entre a gente do povo. / Nunca aceitar informações de uma só conversa. Tente-se endossá-las com o segundo, e discreto, interrogatório. Haverá sempre pequenas modificações para melhor. / Na colheita musical escrever sempre um dos versos na pauta para que seja mais claro compreender-se a divisão poética ou peculiaridades na silabação. / Cuidado com o riso. Uma gargalhada incontida põe toda uma boiada a perder...

•

Luís da Câmara Cascudo já propunha a distinção entre *estória* e *história*, lembrando os substantivos ingleses *story* e *history* e argumentando que a diferenciação, estabelecida pela fixação ideográfica, "não alteraria o câmbio bancário nem a tensão arterial de ninguém".

Os poucos idealistas que fundaram a Sociedade Brasileira de Folclore não esperavam dos contemporâneos que julgassem "meritória e digna de prêmio" a sua atividade em favor do que era, então, na expressão de Cascudo, "o mais abandonado e pejorativo dos assuntos culturais brasileiros".

4

Mário de Andrade herdou todo esse cabedal – tanto a crítica como a perspectiva.

Como chefe do Departamento de Cultura da Municipalidade de São Paulo, tentou, sem êxito, criar uma Sociedade de Etnografia e Folclore (1936), mas aproveitou o pequeno lapso de tempo que permaneceu à frente daquela repartição oficial para criar a Discoteca Pública – considerada por Stith Thompson "one of the largest collections of recordings of folksongs to be seen anywhere" – e despachar para o Norte do país, sob o comando de Luís Saia, uma missão de pesquisas que recolheu vasto material de folguedos e de cultos populares (1938), especialmente do ponto de vista musical.

Não obstante essas iniciativas, pode-se imaginar que o objetivo de Mário de Andrade era apenas a coleta de material, sendo certo que não aprendera muito bem a lição de Amadeu Amaral, pois, nos seus trabalhos pessoais, interessava-se apenas pela busca das origens dos fenômenos, como era de costume antes de ambos.

Toda a riqueza do folclore nordestino lhe havia sido desvendada por Luís da Câmara Cascudo, no verão de 1928-1929, e talvez tenha partido daí o interesse de Mário de Andrade em documentar, extensivamente, as manifestações populares, quer pessoalmente, quer através dos seus inúmeros amigos, músicos, escritores, artistas e discípulos.

Foi sob o seu influxo que Luís Heitor, à frente de professores e alunos da Escola Nacional de Música, saiu a campo para gravar em discos exemplos de diversos gêneros musicais, no curso de pesquisas nos estados do Ceará, Minas Gerais, Goiás e Rio Grande do Sul (1942-1946), publicadas a partir de 1950.

Dois dos discípulos de Mário de Andrade continuaram, em campos diversos, a sua obra. Oneyda Alvarenga se dedicou à tarefa de elaboração e publicação das notas da missão de 1938, condenadas ao eterno esquecimento por incompletas e desordenadas, empenhou-se no desenvolvimento da Discoteca Pública e recentemente preparou a edição, em três volumes, das *Danças dramáticas do Brasil* (1960), que o autor deixara dispersa, além de, exemplificando com o material colhido, publicar, de sua autoria, *Música popular brasileira* (1950), enquanto Rossini Tavares de Lima fundava o Centro de Pesquisas Folclóricas Mário de Andrade (1946) e, com os seus alunos do Conservatório Dramático e Musical, se entregava ao mesmo tipo de pesquisa extensiva, posto que limitada ao estado de São Paulo, de 1938.

5

Os estudos de folclore, tanto os de campo como os de gabinete, não prosperavam, porém, nem conseguiam alçar-se dessa condição pessoal e eventual.

A missão de pesquisas trabalhara apenas durante o ano de 1938 – e o texto das notas, afinal coordenado por Oneyda Alvarenga, só começou a ser publicado em 1948, iniciando uma série de volumes de que o quinto, o último até agora, apareceu em 1955. Faltam a esses volumes os textos musicais. As fitas de gravação foram matrizadas, mas a edição subseqüente de discos (105 ao todo) foi pequena e de distribuição limitada. A Discoteca Pública, não obstante a sua excelente organização, não chegou a constituir um centro nacional de estudos – com a exoneração de Mário de Andrade, todo estímulo oficial cessou –, e a rotina burocrática não lhe permitiria ser conhecida fora de São Paulo se não fossem os concursos anuais de monografias instituídos por Oneyda Alvarenga em 1946 e as publicações já referidas. Quanto ao Centro de Pesquisas Folclóricas, recolheu peças de arte popular, realizou algumas conferências, publicou um ou dois folhetos e estabeleceu ligação com grupos populares paulistas, promovendo ou ajudando a sua apresentação, ao mesmo tempo que fazia o registro da sua poesia, da sua música e por vezes da sua coreografia, mas, ligado ao Conservatório Dramático e Musical, o Centro viveu para os seus alunos, sem ultrapassar as fronteiras estaduais.

Fora de São Paulo, o ímpeto inicial arrefecia. As pesquisas empreendidas por Luís Heitor foram definitivamente suspensas com a sua indicação para a Unesco. E a Sociedade Brasileira de Folclore, com sede em Natal, para um programa ambicioso de pesquisas tinha, como escreveu o seu presidente, "recursos dignos de um Congresso em Lilliput"...

Mário de Andrade, com a missão de 1938, tentara salvar e pôr à disposição dos estudiosos material novo, em especial no campo da música. Não há dúvida, porém, de que a missão redundava numa mudança de atitude – das lucubrações de gabinete, muitas vezes sem o menor contato com os fenômenos, e quase sempre com uma visão incorreta deles, para o trabalho coletivo, em equipe, de investigação e pesquisa. Mas, por volta de 1945, a situação dos estudos de folclore permanecia em geral a mesma de antes: alguns estudiosos isolados a realizar trabalho individual, quer à base de informação bibliográfica, quer, pior ainda, à base de recordações da adolescência ou de simples observação casual e assistemática.

Os *estudos* de folclore eram, assim, em grande maioria, meros trabalhos literários, se não reportagens pretensiosas.

6

Contra os estudos de folclore militavam, de novo, os acontecimentos políticos.

Uma revolução vitoriosa (1930) substituiu por novas as antigas oligarquias. Mas teve de pagar o seu preço, esmagando os levantes constitucionalista, de direita (1932), e popular, de orientação comunista (1935). Explorando esses êxitos militares, o governo se decidiu pela ditadura, com o golpe de Estado de 1937. E os fascistas brasileiros tentaram um *Putsch*, logo dominado, no ano seguinte.

Finalmente, a guerra mundial trouxe insegurança e aperturas de vida a todos os brasileiros, agravadas pelo caráter agrário da economia do país e pela inconstância do governo, que ora cortejava os plutocratas, ora atendia as reivindicações da massa popular, ao mesmo tempo que mantinha, no exterior, uma neutralidade de fachada para em seguida inclinar-se para os alemães antes de decidir-se pelo campo aliado e enviar uma coluna expedicionária à Itália.

Em começos de 1945 tomavam-se as primeiras medidas objetivas para a redemocratização do Brasil.

7

A desorientação dos elementos mais novos se complicava, ainda, com a presença e a atuação de figuras que vinham do passado.

Lindolfo Gomes, consagrado por João Ribeiro "o mais completo" dos nossos folcloristas por ter "a dupla erudição lingüística e filológica", deleitava-se com "um sabor de antiguidade" e com "o pinturesco da linguagem" que encontrava nos contos da sua região.

Basílio de Magalhães (1874-1956) levantava o nome de todos os escritores nacionais que algum dia se referiram ou afloraram o estudo das coisas populares, compondo assim um livro (*O folclore no Brasil*, 1939) que parece uma passeata ou uma sessão espírita, mas a que, felizmente, acrescentou uma coletânea de contos recolhidos na Bahia por Silva Campos (1880-1940).

Arthur Ramos (1903-1949) advogava a psicanálise, de que se libertaria alguns anos mais tarde, como método de interpretação dos fenômenos folclóricos – que concebia, portanto, como do domínio da psicologia, como o fizera n'*O folclore* João Ribeiro.

Mais atuante do que todos, por assinar crônicas semanais numa revista de circulação nacional, Gustavo Barroso servia fragmentos, ora descritivos, ora anedóticos, do folclore vagamente intitulado "do Norte" ou "do sertão".

E, finalmente, para confirmar as palavras de Amadeu Amaral quanto ao desejo de apresentar os conterrâneos paulistas e cearenses como "muito inteligentes, muito engraçados ou muito imaginosos", corriam livros dos autodidatas Cornélio Pires (1884-1958) e Leonardo Mota (1891-1948).

8

A Sociedade Brasileira de Folclore pouco a pouco concentrou as suas energias no intercâmbio internacional.

Em artigo publicado em 1948, Luís da Câmara Cascudo historiou, pitorescamente, as dificuldades da associação, desde o começo. "Não havia sede nem papel para ata. Dispensamos a ata e a sede ficou sendo minha casa. A biblioteca era também a que possuo." O Estado subvencionou a SBFL com cem cruzeiros por mês, que em 1948 passaram a cinco contos por ano. "Fizemos uma série de trabalhos desacostumados": distribuição de listas de endereços de folcloristas estrangeiros; fornecimento de informações bibliográficas a entendidos de outros países; fundação da Federação dos Folguedos Tradicionais, que "se libertou logo e de maneira completa"; telegrama circular aos governadores pedindo isenção de emolumentos e licenças e propondo "uma pequena subvenção animadora" a todos os grupos folclóricos locais; representação nos Congressos de Folclore de Oslo e de Estocolmo; publicação de uma classificação do conto popular; campanha de valorização das bonecas de pano; sugestão ao governo federal no sentido da criação do Museu do Povo; proteção ao artesanato[1]... Deve-se à Sociedade a preservação de toda a riqueza dos folguedos populares da cidade de Natal.

Foi, entretanto, o intercâmbio internacional a grande força da SBFL. Archer Taylor (Estados Unidos), Duilearga (Irlanda), Von Sydow (Suécia), Schmidt (Suíça), Varagnac (França), Menéndez Pidal, Aurelio Espinosa, Luís de Hoyos e Castillo de Lucas (Espanha), Luís Chaves (Portugal), Vicente Mendoza (México), Juan Alfonso Carrizo e Augusto Raúl Cortazar (Argentina) e Ildefonso Pereda Valdés (Uruguai) eram correspondentes constantes... Stith Thompson (Estados Unidos) foi hóspede da Sociedade em Natal, em junho de 1947.

Mais difícil do que a lida de Jacó nos campos de Labão, pois não divisava Lia nem Raquel, parecia a Luís da Câmara Cascudo (1948) a sua tarefa de presidir a Sociedade Brasileira de Folclore.

9

O sinal para a unificação de esforços partiu de Renato Almeida, que se vinha distinguindo já na pesquisa e na promoção do folclore e havia publicado (1926) uma *História da música brasileira* que ampliara, em segunda edição (1942), para abrir grande espaço à música folclórica.

Alto funcionário do Ministério do Exterior, valeu-se da oportunidade de criação do organismo nacional da Unesco para nele incluir uma Comissão de Folclore (1947), com subcomissões em todos os estados, em que folcloristas e amigos do folclore tomariam parte. Não era ainda a Sociedade Demológica imaginada por Amadeu Amaral – a sua estrutura era frouxa e maleável, destinada

---

1 Ver nota de Raul Lody no final do livro.

a atrair esforços e boa vontade, sem exigir dos seus membros senão uma participação voluntária e gratuita nas tarefas que viesse a empreender.

Com o bafejo oficial, posto que por si mesma não constituísse um organismo oficial, a Comissão de Folclore iniciou a publicação, mimeografada, de um boletim noticioso e bibliográfico e de *documentos* (observações e comunicações assinadas) sobre os mais variados aspectos do folclore nos diversos pontos do país.

Já no ano seguinte realizava a Comissão a sua primeira Semana (1948) no Rio de Janeiro, continuando a série em São Paulo (1949) e em Porto Alegre (1950) para interrompê-la a fim de dar lugar ao primeiro Congresso Nacional (1951). Uma outra Semana se reuniu em Maceió (1952), mas daí por diante os congressos constituíram a forma preferida pela Comissão para espevitar o entusiasmo dos folcloristas. Um segundo congresso teve lugar em Curitiba (1953), um terceiro na Bahia (1957), um quarto em Porto Alegre (1959) e um quinto foi convocado para Fortaleza, em 1963.

No intervalo entre o segundo e o terceiro congressos, a Comissão atingiu o máximo do seu êxito, promovendo o Congresso Internacional de Folclore de São Paulo (1954).

10

O interesse principal dos estudos de folclore, que era a poesia no período dominado por Sílvio Romero, mudara, com Mário de Andrade e seus colaboradores, para a música. Com a Comissão de Folclore a ênfase novamente se transferiu para os folguedos populares.

A velha estrutura econômica ruía. Não obstante os desesperados esforços do governo, representante dos latifundiários, por salvar a agricultura, o homem do interior abandonava o campo e iniciava um êxodo para a cidade que iria atingir o seu auge nos anos de guerra. A pressão populacional desorganizou o mercado de trabalho; e a escassez de gêneros, de artigos de consumo e de meios de transporte e a desvalorização da moeda, que revelavam o extremo despreparo do país, se agravavam ainda mais com a liquidação dos nossos saldos no exterior em iates, geladeiras, carros de luxo e produtos de matéria plástica. Novas fortunas surgiam com rapidez, com os lucros fabulosos da importação de artigos industriais e da exportação de produtos agrícolas, forçando a substituição repentina dos antigos "remediados" e ricos que outrora ajudavam, com dinheiro ou mercadorias, os folguedos populares. Tão difícil se tornou a vida nas cidades que muitos desses folguedos, e as festas locais de que eram parte, desapareceram por completo, enquanto outros sofreram um eclipse de cerca de vinte anos até a sua restauração por obra e graça dos folcloristas.

Isso exigiu uma formulação do conceito e do objeto do folclore em termos brasileiros. Em 1951 reconheciam os especialistas o estudo do folclore como "integrante das ciências antropológicas e culturais", condenavam "o preconceito de só considerar folclórico o fato espiritual" e aconselhavam "o estudo da vida popular em toda a sua plenitude, quer no aspecto material, quer no aspecto espiritual".

O folclore, como disciplina, observa Richard Dorson, está entretecido na história cultural de cada nação, refletindo a maior ou menor dimensão do "arc of tradition". Ora, a etnografia brasileira, exceto no referente aos indígenas, era, e continua a ser, omissa. E a possível invasão do campo da etnografia reduzia-se, afinal, àquilo que já em 1913 acentuava como legítima a Folk-Lore Society – não a barcaça do São Francisco, se podemos dar um exemplo nacional, mas a carranca de proa a que se atribui a virtude de afugentar o Caboclo d'Água. As ciências sociais, que, não obstante a sua inclusão no currículo universitário, ainda agora forcejam por abrir caminho nas preferências dos letrados, estavam, e estão, muito enredadas nas tecnicalidades americanas não só para ver com bons olhos a vizinhança do folclore, como, ainda menos, para tentar a pesquisa e a interpretação dos fenômenos que abrange. O folclore candidatava-se, pois, ao direito de explorar um campo abandonado e inculto.

Em vez de fenômenos sedimentados, bem-comportados, reconhecíveis à primeira vista, a experiência mostrava que esses fenômenos estão no Brasil em perpétua ebulição, multiplicando-se em variantes regionais tão peculiares que podem levar a confusões, fragmentando-se, aglutinando-se, surgindo e ressurgindo, criando novas sínteses. O Congresso de 1951, em conseqüência, considerou válidas as observações que não levassem em conta a característica tradicional, "bastando que sejam respeitadas as características de fato de aceitação coletiva, anônimo ou não, e essencialmente popular".

A formulação de 1951, a despeito de algumas imprecisões e inconsistências no seu texto completo, refletia a tendência a considerar o folclore como um todo, como um *corpus*, como um sistema integrado e dinâmico de crenças, de costumes e de processos de pensamento e de ação inseparável da vida cotidiana – a *cultura popular*, com a organicidade vislumbrada por Amadeu Amaral. Essa posição foi reforçada na proposta de resolução apresentada pelos brasileiros ao Congresso Internacional de São Paulo (1954), em que o fenômeno folclórico foi definido como "uma expressão da experiência peculiar de vida" das coletividades humanas nas sociedades civilizadas, caracterizado pela espontaneidade e dotado do poder de motivação.

A organicidade da *cultura popular* transparecia com maior clareza nos folguedos – na poesia, na dança e na representação próprias, na vestimenta, na culinária, nos costumes, na poesia e na literatura oral subsidiárias, nas artes e no artesanato, em suma, em todo o ambiente das festas tradicionais.

Seria exagero afirmar que a predileção pela lúdica constituísse norma deliberada, ostensiva, definida, da Comissão de Folclore. Ambiciosamente, as suas atividades tendiam a abarcar todo o campo do popular – e os estudos, análises e pesquisas empreendidos sob a sua égide compõem uma larga sucessão de verbetes. Mas, durante sete anos ininterruptos (1948-1954), promoveu, pela primeira vez no Brasil, encontros de folcloristas – todos eles incluindo no programa festivais folclóricos, com a apresentação de grupos populares. E continuou, nos encontros seguintes – os dois últimos congressos nacionais – a mesma linha de valorização dos folguedos. Os participantes desses encontros tinham, assim, oportunidades excepcionais de conferir os seus conhecimentos e porventura as suas opiniões quanto a jogos, danças, cortejos e representações tradicionais.

Tão pronunciada era essa inclinação que a Comissão de Folclore *a)* recomendou, repetidamente, a preparação do calendário folclórico, *b)* tentou, para alguns estados, o mapa dos folguedos e *c)* obteve, com a instituição oficial de estatística (IBGE), o levantamento geral da ocorrência deles no território brasileiro.

11

Toda essa atividade rendeu muito em termos de cooperação, de propaganda do folclore, de despertar de vocações. Mas, não tendo verbas à sua disposição, a Comissão de Folclore podia apenas recomendar estudos, sugerir tarefas, encaminhar moções. Logo se tornou claro que as discussões em torno de problemas e necessidades só seriam fecundas se participantes e ouvintes estivessem empenhados, por obrigação contratual, nos trabalhos por ela aconselhados ou empreendidos. Em vez disso, uns e outros abandonavam por um momento as suas ocupações habituais, em geral não ligadas ao folclore, para a elas voltar imediatamente após. Ainda assim, pesquisas extensivas na Região Sul (São Paulo, Paraná e Santa Catarina), publicações periódicas editadas pelas subcomissões de quatro estados, o aparecimento de inúmeros artigos e ensaios, e mesmo livros, alguns deles de bom quilate, assinados pelos seus membros – entre os quais a excelente *Inteligência do folclore* (1957) de Renato Almeida –, a promoção de trabalhos de outras instituições e, em geral, a consciência da necessidade de divulgação, preservação e defesa das manifestações populares, atestam a enorme repercussão cultural das atividades da Comissão de Folclore.

Estudiosos e pesquisadores que, apesar de membros titulares dela, preferiram trabalhar isolados ou independentes, como Alceu Maynard Araújo e Luís da Câmara Cascudo, que em 1954 nos brindou com o útil e compreensivo *Dicionário do folclore brasileiro*, muito lhe devem.

Na Carta do Folclore Brasileiro, roteiro de ação filtrado das resoluções do primeiro Congresso (1951), reconhecera-se, tacitamente, o caráter transitório da Comissão de Folclore, sugerindo-se ao governo federal a criação de um órgão capaz de, com verbas oficiais, imprimir um ritmo firme e seguro ao estudo e à pesquisa do folclore.

12

Em conseqüência de gestões da Comissão de Folclore, o Presidente da República, no discurso de instalação do Congresso da Bahia (1957), anunciou a designação de um grupo de trabalho incumbido de propor ao governo a forma que esse órgão deveria assumir nos quadros da administração nacional.

A comunicação presidencial visava comemorar o primeiro decênio de atividades da Comissão de Folclore, assinalado, a 19 de dezembro de 1957, por uma exposição do livro brasileiro de folclore na Biblioteca Nacional e um catálogo que constitui, até agora, a mais completa bibliografia do gênero.

Em dois meses o grupo de trabalho deu por terminada a sua incumbência, recomendando, dada a facilidade da sua instituição diretamente pelo Poder Executivo, a criação de uma *Campanha*, organização especial nos quadros administrativos oficiais. Imaginara-se o novo organismo como um coroamento, o arremate das tentativas da Comissão de Folclore de coordenar os esforços dos estudiosos – a arregimentação de material humano e a extensão de recursos para a execução de tarefas urgentes, irrecorríveis, já atrasadas de muitos anos, para o conhecimento da realidade folclórica. Mas a publicação dos instrumentos oficiais que criaram a Campanha de Defesa do Folclore se retardou de tal modo que a sua instalação só se fez mais de um ano após a comunicação presidencial, a 22 de agosto de 1958.

Como contrapeso, o Diretor Executivo, designado pelo Ministro da Educação, nada tinha em comum, quer com o movimento que havia onze anos a Comissão de Folclore liderava, quer com o folclore em si.

Era um revés, que partia ao meio o triunfo obtido. Felizmente, dos cinco componentes do grupo de trabalho que organizara a Campanha, quatro – Renato Almeida, Joaquim Ribeiro, Manuel Diégues Júnior e Edison Carneiro – faziam parte do seu Conselho Técnico. Entre quase uma centena de proposições, foi possível, a duras penas, salvar e executar as relativas a levantamentos parciais em São Paulo e Minas Gerais e a dois prêmios destinados a monografias, um deles comemorativo do centenário de João Ribeiro, o outro anual. As demais, não obstante aprovadas, não tiveram andamento.

Esse *dolce far niente* da Campanha se prolongou por dois anos e sete meses, impacientando e desesperando os folcloristas.

13

Com a designação de novo Diretor Executivo (1961), procedeu-se a radical mudança – da água para o vinho – nos rumos da Campanha.

O antigo Conselho Técnico, composto de folcloristas residentes na Guanabara, foi ampliado e transformado no Conselho Nacional de Folclore, a fim de fazer justiça a folcloristas de outros estados que se distinguiam pela excelência dos seus trabalhos: Luís da Câmara Cascudo (Rio Grande do Norte), Théo Brandão (Alagoas), Guilherme Santos Neves (Espírito Santo), Rossini Tavares de Lima e Oneyda Alvarenga (São Paulo), José Loureiro Fernandes (Paraná) e Oswaldo R. Cabral (Santa Catarina), além dos já citados.

A primeira reunião do novo Conselho teve lugar em julho, no Rio de Janeiro, e nessa ocasião ofereceu a Campanha um festival folclórico e inaugurou a sua biblioteca especializada a que, mais tarde, foi dado o nome de Amadeu Amaral.

A 22 de agosto entregava-se ao público, no Parque Ibirapuera, em São Paulo, o Museu de Artes e Técnicas Populares, à base do material coletado, em todo o país, pela Comissão de Folclore, para uma exposição paralela ao Congresso Internacional de 1954. Graças à dedicação de João Vicente Cardenuto, da nova geração de folcloristas, foi possível, com verbas da Campanha, reparar, atualizar e reorganizar todo o acervo e construir novas instalações para documentação e pesquisa e para exposições periódicas.

Ao mesmo tempo, a Campanha patrocinava cursos de folclore em estabelecimentos de ensino superior de vários estados (Amazonas, Pernambuco, Espírito Santo, Minas Gerais, Guanabara e Santa Catarina) e apresentações de grupos populares em São Paulo e no Rio de Janeiro e dava início a publicações próprias com o folheto *Defesa do folclore*, destinado a tornar conhecida a sua organização e execução, o primeiro número da *Revista Brasileira de Folclore*, quadrimestral, e um levantamento preliminar sobre samba de umbigada.

Foi concluído acordo com a Universidade da Bahia para o levantamento geral do estado, nos moldes do já assinado (1960) com a Universidade do Ceará.

Começou a Campanha a reunir uma documentação técnica – textos, notas de campo, artigos assinados e recortes de jornais e revistas, fotografias, discos, fitas gravadas, filmes e documentos vários; estabeleceu intercâmbio efetivo com organizações e associações congêneres do estrangeiro e passou a suprir de livros especializados cerca de trezentas bibliotecas nacionais.

Criou-se novo Prêmio João Ribeiro, a ser concedido por ocasião do cinqüentenário do primeiro curso de folclore no Brasil (1963).

E, finalmente, contratou a Campanha a preparação de documentários especiais – uma seleta de música popular, extraída do material colhido pela Discoteca Pública de São Paulo, sob a responsabilidade de Oneyda Alvarenga, e um álbum de fotografias de folguedos populares de Marcel Gautherot – a serem divulgados possivelmente no ano próximo.

14

Hesitações e incertezas estão obscurecendo o biênio 1962-1963, em face dos planos de economia do governo, que reduzem pela metade as despesas públicas.

Tendo de encurtar as suas linhas, no momento em que mais precisava estendê-las, para consolidar as posições conquistadas, decidiu a Campanha limitar-se a cursos nos estados, a publicações, a festivais, a implementar os convênios tendentes a levantamentos gerais no Ceará e na Bahia e a promover a criação, por outras instituições, de organismos dedicados ao folclore. E, ao mesmo tempo, está ampliando a documentação e a biblioteca, intensificando o intercâmbio e equipando-se com a aparelhagem indispensável às futuras tarefas.

Dos planos da Campanha constam a criação: *a)* do Museu de Arte Popular, na Guanabara; *b)* da Escola de Folclore, estabelecimento de nível superior destinado a formar novos especialistas e técnicos, e *c)* dos Arquivos de Folclore, reunindo cópia de todos os dados primários já coletados, com um corpo de "correspondentes" mais ou menos como o proposto (1925) por Amadeu Amaral.

Isso implicará modificação estrutural. E, tendo repartido os seus serviços pelas Divisões de Documentação, Proteção ao Folclore e Pesquisa, a Campanha está preparada para transformar-se em organismo permanente da administração nacional – o Instituto Brasileiro de Folclore.

Assim, a Campanha de Defesa do Folclore está cumprindo a missão que dela se esperava, procurando atingir os seus objetivos por três vias diferentes:

a) reunindo uma documentação útil – livros descritivos, interpretativos e de textos, museus e, no futuro, os arquivos;

b) preparando uma nova geração de folcloristas – cursos avulsos e, em breve, a Escola de Folclore;

c) tomando medidas preliminares ao levantamento do atlas folclórico do Brasil.

Sem predileções tácitas ou expressas por este ou por aquele aspecto do folclore, mobilizando todos os especialistas independentemente da sua maneira particular de conceber os fenômenos, a Campanha está abrindo largas perspectivas ao estudo e à pesquisa da *cultura popular* na sua dinâmica própria – a água da fonte que refresca e renova as energias gerais.

(1962)

Ainda há muito por fazer

Mais uma vez, nestes doze anos, nos reunimos em congresso. Mais uma vez estreitamos os laços de cordialidade e de cooperação entre os folcloristas. Mais uma vez atraímos para a nossa órbita intelectuais, artistas, estudantes. Mais uma vez valorizamos as letras, as artes, os costumes, a sabedoria do povo. Se temos o direito de estar contentes, não podemos, não devemos estar, entretanto, satisfeitos.

Muita coisa resta a fazer, até que possamos considerar pelo menos bem encaminhada, segura, indestrutível, a tarefa que nos impusemos. Com que perspectivas nos despedimos, neste momento, da bela terra do Ceará? Se pusermos a mão na consciência, poderemos ver, com nitidez, e talvez mesmo com angústia, que tudo o que fizemos, isolada ou coletivamente, em plano regional ou nacional, constitui ainda quase nada do que deveríamos ter feito, quase nada do que devemos fazer. E só temos, talvez, como atenuante, o período de intensas e necessárias transformações por que atravessa o nosso país, a verdadeira revolução que se está processando para modernizar e vivificar a nação, um amplo movimento que, no seu natural extremismo, ainda mal acostumado com as novas idéias e com as novas conquistas, com freqüência confunde o antigo com o eterno, o que deve perecer com as coisas que, se morrerem, levarão consigo a nossa civilização. Mas essa possível atenuante é na verdade uma agravante. Estudiosos da vida popular, devíamos e devemos estar alertas às repercussões dessa revolução social naquelas camadas que são a guarda e o depositário das tradições, dos usos e costumes, da arte, enfim, de todas as manifestações a que, nas sociedades civilizadas, chamamos folclore. E não somente alertas, mas equipados para entendê-las e para obstar que os justos anseios de independência e de soberania da nação sacrifiquem exatamente a fonte viva da nacionalidade, demolindo o seu folclore.

Torna-se necessário um esforço maior, tanto no plano individual como no coletivo, para reintegrar e valorizar o folclore na vida cotidiana. Por que prender o folclore na camisa-de-força de uma rígida mas pretensa autenticidade – pretensa por equivaler a imutabilidade – que o violenta, que o amarra, que o junge a concepções ultrapassadas? Por que recear que o folclore possa deformar-se, ou chegue a deturpar-se, se se estender a círculos e grupos de opinião ainda não atingidos por ele? Por que envolver o folclore numa liturgia esotérica? Desde 1951, quando pela primeira vez nos reunimos, consideramos o folclore como um fenômeno cultural. Todo fenômeno cultural nasce, vive, morre, palpita como um organismo vivo. E se, até agora, a era de esplendor que vive o folclore resultou do nosso trabalho, da nossa dedicação, do nosso entusiasmo, somente se não estivermos à altura das nossas futuras tarefas poderá acontecer que o folclore se deforme ou se deturpe.

Mudará de forma, acrescentará ou diminuirá elementos no seu conteúdo, por força das imposições sociais. Mas somente se não estivermos vigilantes, somente se não soubermos manter em nossas mãos a flama da sua defesa, somente se renunciarmos à nossa posição de vanguarda, poderá o folclore sofrer deformações ou deturpações deliberadas e conscientes por parte de pessoas ou de grupos de opinião. Não se pede que os folcloristas abram mão da atitude lírica, de puro amor às tradições populares, que tanta ternura humana comunica aos seus estudos e às suas realizações. Mas, ao lado desse necessário lirismo, devemos alimentar um realismo, um senso de oportunidade, uma audácia capazes de assegurar ao folclore, no mesmo ritmo das transformações sociais que se operam no Brasil, uma posição permanente nos sentimentos, nas atitudes, nas preocupações de todos os brasileiros.

Pouco temos tentado, e quando o tentamos pouco temos conseguido, no referente à utilização do rádio e da televisão na divulgação do folclore. Ou seja, por preconceito, por incúria ou por incompreensão nossos, deixamos de aliar permanentemente ao nosso esforço os meios de comunicação mais importantes do nosso tempo. Do cinema, que tem vindo espontaneamente ao nosso encontro, não podemos dizer que o tenhamos conquistado. Que fazemos da música popular que recolhemos à custa de desconfortos físicos e dos nossos próprios e minguados recursos, senão apenas transcrevê-la na pauta musical, como se fazia no século passado, negligenciando o disco, que pode alcançar, ao mesmo tempo, o leigo e o entendido em linguagem musical? Temos publicado livros, mas em edições reduzidas, às vezes mesmo em edição particular. Não conseguimos – ou estamos penosamente conseguindo – criar um público para o livro de folclore, artigo industrial que necessita do mercado consumidor cuja criação imediata o nosso trabalho deve considerar de agora por diante. Se nesse terreno da pura divulgação tanta coisa está por fazer, não menor deve ser o nosso esforço na instalação de bases de apoio e de difusão do folclore. Temos de levar o folclore ao campo da educação, na escola primária, média e superior. Necessitamos formar técnicos e especialistas em folclore, em número correspondente ao crescimento provável do interesse nacional pelas tradições populares. Precisamos levantar o atlas folclórico do nosso país – preparar o terreno para as pesquisas, as análises e as interpretações que virão qualificar e justificar o nosso trabalho, levando-o a nível superior, da crônica para o documentário, do documentário para a interpretação científica. É importante que criemos, em toda parte, centros redistribuidores da cultura popular – museus, fonotecas, bibliotecas; que instalemos arquivos centrais de folclore, que possam servir a todos os estudiosos e interessados brasileiros; que tenhamos um serviço de bibliografia e documentação capaz de enriquecer e vitalizar as nossas pesquisas e observações. E, como corolário natural de todos esses empreendimentos, que se multipliquem boletins e revistas em todos os estados.

Não se defende, não se promove, não se divulga o folclore sem o mais decidido, eficaz e permanente apoio aos folguedos populares e às festas tradicionais. Temos realizado festivais locais e regionais, mas está chegada a hora de iniciar festivais nacionais, de periodicidade certa, tendo por palco a cidade pioneira, um marco brasileiro de posse da terra do Brasil, que é a nova capital. Mas também aqui o esforço a despender pelos folcloristas não será pequeno. Teremos de proteger esses grupos, onde existam, e em que número existam. Teremos de restaurar outros grupos, sempre que os antigos mestres e ensaiadores estejam vivos. Teremos de interessar o comércio e a indústria na ajuda financeira aos folguedos populares, como era de uso outrora. Teremos de lutar sem tréguas, com denodo, abnegação e persistência, para que os festivais que ainda não obedecem à nossa orientação percam o seu caráter de competição por prêmios e colocações. Teremos, enfim, de criar e de manter de novo, já agora em plano superior, de acordo com o espírito do nosso tempo, as condições próprias à sobrevivência dos folguedos populares.

Devemos diversificar o nosso esforço – estudando, coletando, divulgando o folclore; assistindo na criação de clubes, entidades culturais e estudantis, associações recreativas, centros de estudo e difusão do folclore; organizando e supervisionando a divulgação do folclore em selos, em postais, em *slides*, em gravuras; ajudando fotógrafos, cinegrafistas, pintores, escultores, músicos e outros profissionais no desempenho de tarefas específicas, quer por solicitação deles, quer por mobilização nossa; fazendo do folclore, no mais amplo sentido da palavra, um "centro de interesse" para todos.

E, finalmente, devemos ter mais confiança na importância do nosso trabalho. Se nos desdobrarmos, se nos lançarmos às tarefas com audácia e dedicação, se fizermos das fraquezas força, não correrá o folclore o perigo de deformações e deturpações, mas, ao contrário, encontrará, nas próprias transformações sociais, a sua oportunidade de desenvolvimento livre, espontâneo, natural. Temos de assumir uma atitude realista – não a de quem, a propósito de resguardar a pureza do folclore, na verdade deseja, como saudosista, o retorno de condições sociais já desaparecidas e incompatíveis com as exigências da vida moderna; mas a atitude daquele que, reconhecendo a urgência e a necessidade das reformas sociais, sabe que há sempre lugar, não tanto para o velho, mas para o eterno, como sabemos que a luz elétrica não substituiu a vela e a candeia, nem os submarinos atômicos relegaram aos museus as canoas e as jangadas. Somente com essa atitude realista, que se traduz na certeza de que o folclore pode coexistir, deve coexistir, terá de coexistir com o erudito e o formal, poderemos enfrentar galhardamente as grandes tarefas de estudo e de documentação, de divulgação e de defesa, de ensino e de aplicação do folclore que, neste exato momento, quando encerramos este quinto dos nossos congressos, se impõem a todos nós.

De estudiosos isolados que eram os folcloristas de outrora, passamos a um grupo coeso de trabalhadores que periodicamente se encontram para debater técnicas e métodos, questões e problemas, normas e procedimentos, necessidades e realizações. Esse nosso esforço coordenado teve, desde o início, o apoio do povo, dos intelectuais, dos artistas, dos professores, das universidades, até ser reconhecido pelo governo da República, através da instituição da Campanha de Defesa do Folclore Brasileiro – em breve o Instituto Brasileiro de Folclore. Que falta, agora, senão duplicar, triplicar, centuplicar o nosso esforço? E devemos fazê-lo com a mesma atitude lírica com que amamos as coisas populares, mas também com a atitude realista que as novas condições sociais exigem, de tal modo que, dentro de pouco tempo, a seiva da nacionalidade, aquele entre todos os elementos culturais que mais resiste às seduções da moda, possa garantir ao nosso país e ao nosso povo as suas características peculiares, o seu cartão de identidade entre as nações, a sua glória de ser, ao mesmo tempo, nacional, universal e humano.

Em nome da Campanha de Defesa do Folclore Brasileiro, tenho a honra de louvar o trabalho dos nossos folcloristas, tão profícuo nestes últimos quinze anos, e de conclamá-los a encarar de frente, com resolução, as novas tarefas que precisamente os nossos êxitos anteriores nos indicam a partir deste momento em que dizemos adeus às frondes da carnaúba, aos verdes mares bravios, à virgem dos lábios de mel – à doce e amargurada terra do Ceará.

(1963)

FONTES DOS ARTIGOS REPRODUZIDOS

Dinâmica do folclore
– Folheto, edição particular e reduzida (Of. Gráf. do *Jornal do Brasil*, 1950): tese com que o autor concorre (se e quando houver concurso) à cátedra de Antropologia e Etnografia da Faculdade Nacional de Filosofia, UB.

Folclore e ciências sociais
– Antropologia e folclore: cm à V Reunião Brasileira de Antropologia, Belo Horizonte, 1961; *Jornal do Comércio*, Rio de Janeiro, 23.7.61 – A sociologia e as "ambições" do folclore: *Revista Brasiliense*, nº 23, São Paulo, maio-junho 1959; doc. 429 da Comissão Nacional de Folclore – Comunidade, *folk culture*, folclore: *Diário de Notícias*, Rio de Janeiro, 10.4.60 – Maioridade do folclore: *Hoje*, Rio de Janeiro, 18.9.60 – O folclore do cotidiano: *Diário de Notícias*, Rio de Janeiro, 18.12.60 – Folclore, fenômeno cultural: *Diário de Notícias*, Rio de Janeiro, 29.1.61.

Folguedos populares
– Proteção e restauração dos folguedos populares: cm à Comissão Nacional de Folclore (doc. 312), 1954; *Folclore*, Vitória, janeiro-junho 1955, e *Boletim Trimestral da Comissão Catarinense de Folclore*,

Florianópolis, janeiro 1956; reproduzido no livro do autor *A sabedoria popular*, Rio de Janeiro, 1957 – O folguedo popular: *Para Todos*, Rio, 1ª quinz., agosto 1957 – Proteção para a música folclórica: *Diário de Notícias*, Rio de Janeiro, 2.8.64.

Perspectivas de ensino
– Folclore em nível superior: MEC, Rio de Janeiro, março-abril 1959 – Formação de novos quadros em folclore: contribuição à mesa-redonda sobre o tema no V Congresso Brasileiro de Folclore; *Correio do Ceará*, Fortaleza, 27.7.63.

Pesquisa de folclore
– Publicada em folheto pela Comissão Nacional de Folclore, 1955.

Passado, presente e futuro
– Evolução dos estudos de folclore no Brasil: *Revista Brasileira de Folclore*, Rio de Janeiro, números 3 e 4 (1962); incluído, em tradução russa, no volume *Brasil – Economia, política, cultura* da Academia das Ciências da URSS, Moscou, 1963; publicado em folheto contendo a sua tradução em inglês, francês e alemão pela Campanha de Defesa do Folclore Brasileiro, MEC, 1963 – Ainda há muito por fazer: lido na sessão de encerramento do V Congresso Brasileiro de Folclore; *Correio do Ceará*, Fortaleza, 14.9.63.

NOTAS

P. 48

Maracatu – Marcante o que diz Edison Carneiro ao citar Alfredo Brandão de Alagoas sobre o "maracatu", fenômeno recorrente do Nordeste da cana-de-açúcar aliado ao sistema social e político das Irmandades de Homens Negros e Pardos, especialmente tendo como orago São Benedito e Nossa Senhora do Rosário. O pesquisador alagoano fala de um maracatu cuja boneca, "calunga", chama-se "Santa Bárbara", uma analogia entre a santa católica e a representação africana da boneca que é um orixá. O orixá freqüente até hoje nos grupos atuantes de maracatus, no caso, no Recife, preserva o sentido religioso no culto de Oiá ou Iansã, que é homenageada durante os desfiles, sendo exibida pelo personagem "dama-do-paço". No sincretismo, Santa Bárbara é Iansã, orixá festeiro, orixá do vento, mulher de Xangô que também integra os maracatus, juntamente com Oxum, orixá das águas doces.

P. 56

Passo/frevo – Sobre o "passo" ou "passos", dança, ginga, expressões individuais perante o "frevo", em especial o "frevo-de-rua" nas suas modalidades: "coqueiro", "ventania" e "abafo", diferenciam estilos musicais que dão a base e a orientação das coreografias, ou seja: o "passo". Há uma base de corpo, de habilidades, de gestualidades que chegam da capoeira pela "escola" tradicional chamada "angola".

O "passo" e o "frevo": dança e música, recentemente receberam a titulação e o registro enquanto patrimônio imaterial do Brasil, integrando o rol de bens nacionais sob guarda do IPHAN.

O registro do frevo comemora seu primeiro centenário pelo aparecimento da palavra em 9 de fevereiro de 1907 no *Jornal Pequeno*, Recife, Pernambuco.

P. 69

Patrimonialização – Hoje, uma reaproximação entre o "Estado" e a cultura popular, folclore, se dá com a política patrimonialista, que quer valorizar e afirmar um compromisso com os mais diferentes segmentos detentores dos chamados "saberes tradicionais".

Contudo Edison Carneiro aponta um longo e organizado trabalho que se pode chamar de "movimento folclórico", em nível nacional, tendo também ações coordenadas pelo Estado por meio da Campanha de Defesa do Folclore Brasileiro, e destaca, em toda a obra, a importância das associações populares, detentoras e donas dos seus acervos e assim autorizadas em lutar pelos direitos e lugares sociais devidos. Pois a compreensão do autor sobre "dinâmica" nasce, justamente, do direito à mudança, à liberdade permanente de reinventar.

P. 77

Compromisso público – O compromisso político de Edison Carneiro com o "folclore" dá um valor metodológico diferenciado, sempre em prol da "causa popular". Não é apenas "registrar", "colecionar", "inventariar"; é antes de tudo um exercício político integrado aos diferentes contextos e desejos manifestados nos "fatos folclóricos". Certamente Edison Carneiro nunca alegorizou o folclore. Sempre destacou sua consistência social.

P. 82

Academia/folclore – Esses conflitos de territórios acadêmicos entre folclore/sociologia, folclore/antropologia vão se diluindo cada vez mais na volta e na redescoberta da importância das "etnografias" enquanto construção de repertórios e conteúdos para serem interpretados conforme a opção ou tendência acadêmica escolhida. Assim, ampliam-se os estudos de "cultura popular".

P. 86

Folclore, um olhar especial – Na busca permanente na "defesa do folclore", Edison Carneiro assume um papel de organizador no Brasil de uma "ciência", de uma "especialidade" necessárias ao se tratar das coisas do povo. Aí, novamente, retoma-se o confronto com a chamada "Academia", que por motivos históricos e de determinação de "territórios" e de poder sempre tentou enquadrar o "folclore", diga-se, os estudos de folclore em situação ingênua. Contudo, busca-se hoje uma certa legitimação pela "Academia" dos então "novos" estudos de "folclore", que vão assim testando metodologias e criando estilos no trato da "causa popular".

P. 133

Classificação do folclore – Edison Carneiro quer propor fundamentos metodológicos para classificar o folclore. Busca, inicialmente, uma taxonomia bibliográfica, porque os processos de documentação também ocupam um lugar da memória.

O autor admite que folclore não é permanente e entende a dinâmica enquanto um processo que poderá levar ao desaparecimento do fato, do fenômeno, contudo também busca na educação um dos mais importantes meios de "proteção" e mesmo de salvaguarda.

O autor revela um ideal de que o folclore deve ter continuidade, deve ser mantido, "protegido".

P. 151

Coleta – O "colecionismo" enquanto fenômeno recorrente aos primeiros contatos com o "folclore" traz os sentimentos e as memórias ancestrais do objeto "tradutor", do objeto "lembrança", do objeto "perfeito" e "mágico" e ainda traz a busca do objeto complementar à série, à coleção; sempre um objeto a se conseguir, pois a coleção é um processo individual e emocional.

Edison Carneiro destaca na relação "científica" com o folclore uma valorização das diferentes representações visuais, destacando assim a cultura material como campo do folclore, encontrando no objeto um testemunho da memória e da mudança das tradições.

O autor aponta a "coleta de peças folclóricas" como um importante trabalho na preservação, na salvaguarda das identidades regionais.

P. 167

Artesanato/arte popular – Temas os mais trabalhados, hoje, no campo da cultura popular, da tradição popular, da cultura material de representação identitária são o "artesanato" e a "arte popular". Inicialmente, um olhar tecnológico, sobre o domínio e as habilidades no trato com as diferentes matérias-primas que reforça o ideal do artesanato, destacado enquanto atividade produtiva, geração de renda, e a "arte popular" que nasce do saber lidar com os insumos e alcança assinatura autoral, estética, tradutora de imaginários social, cultural, étnico, e que, crescentemente, vem ocupando museus, galerias, coleções particulares.

Esses testemunhos da chamada "arte do povo", das maneiras de representar os entornos, de se representar são também valorizados pelas políticas públicas no implemento do "patrimônio imaterial", que, embora tecnicamente intangível, inclui como tema os objetos, as roupas, as alegorias, os instrumentos musicais, entre outras formas de simbolizar grupos, segmentos étnicos, comunidades, regiões. Luís da Câmara Cascudo já pleiteava em

1948 a criação do "museu do povo" e observava a necessidade de "proteger o artesanato".

Entre as missões da Campanha de Defesa do Folclore Brasileiro está a formação de museus regionais, promovendo a coleta de objetos, exposições, pesquisas sobre núcleos artesanais, artesãos e artistas populares.

Cada vez mais o artesanato é um produto associado ao consumo, e ao mesmo tempo amplia-se a valorização da arte popular que se integra ao mercado convencional de arte.

Orgrafic
Gráfica e Editora
Fone: (11) 6522-6368